教育方法47

教育実践の継承と
教育方法学の課題

教育実践研究のあり方を展望する

日本教育方法学会編

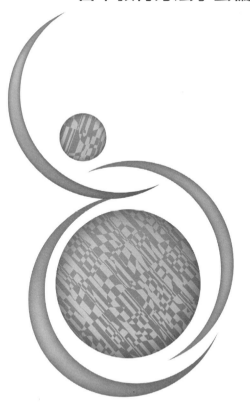

図書文化

まえがき

　戦後最初の学習指導要領は，1947年（昭和22年）3月に試案として刊行された。それから70年後の昨年，2017年3月に幼稚園教育要領，小学校学習指導要領，中学校学習指導要領が，そして本年3月に高等学校学習指導要領が告示され，わが国のこれからの学校教育の全体像が提示された。幼稚園教育要領は，すでに1年間の周知期間を終え，本年4月より実施されている。また，今回の学習指導要領の改訂に先んじた「特別の教科　道徳」も，採択教科書を使用しての授業が，今年度4月からは小学校で，来年度は中学校で実施される。そして東京オリンピック・パラリンピックの年である2020年度から，小学校から順次，今回改訂された学習指導要領が全面実施されることになっている。

　戦後教育の70年目を契機とする学習指導要領の改訂をめぐる議論に対して，日本教育方法学会は学術研究の立場から対応してきた。昨年までに刊行された「教育方法」のタイトルは，『学習指導要領の改訂に関する教育方法学的検討─「資質・能力」と「教科の本質」をめぐって─』（2017年），『アクティブ・ラーニングの教育方法学的検討』（2016年），『教育のグローバル化と道徳の「特別の教科」化』（2015年）であり，時代のキーワードで構成されている。

　今回改訂された学習指導要領には，学校段階に共通する「前文」が設けられている。70年前の戦後最初の学習指導要領が「なぜこの書はつくられたのか」から書き始められる「序論」をおいたことを想起させる。「前文」は，戦前の勅令主義に対する戦後の法令主義を踏まえてか，教育基本法の第1条と第2条に言及しながら教育の目的や目標を確認するところから始まっている。またコメニウスやペスタロッチといった近代教育思想の源流である「よりよい学校教育を通してよりよい社会を創るという理念」の実現に向けて，学習指導要領が「教育課程の基準を大綱的に定めるものである」ことに言及するとともに，各学校が「長年にわたり積み重ねられてきた教育実践や学術研究の蓄積を生か」すことの重要性が述べられている。

日本教育方法学会は，その学問的性格から日々の教育実践にかかわることで，その学術研究の一端を支えながら歩んできた学会である。それゆえ「長年にわたり積み重ねられてきた教育実践や学術研究の蓄積を生かしながら」発展してきた側面も有している。しかしながら，本書のタイトル『教育実践の継承と教育方法学の課題—教育実践研究のあり方を展望する—』には，あらためて教育方法学は教育実践にどのようにかかわってきたのか，教育実践にかかわる学術研究のあり方とは何か，といった教育方法学という学問のあり方，あるいは学術研究を踏まえた社会的な応答責任のとり方，といった教育方法学の学問領域や学会の存在理由にかかわる問題意識が根底にある。そうした問題意識に支えられ，日本教育方法学会の理事アンケートの結果も参考に，毎年秋に開催される研究大会や近年は6月に開かれる研究集会の成果を踏まえながら，常任理事をメンバーとする編集委員会で，本書を3部で構成することにした。

第Ⅰ部「戦後教育と教育方法学」は，研究大会で3年間にわたる継続課題研究であった「戦後教育実践と教育方法学」の成果を踏まえて構成されている。この継続課題研究は，戦後70年を迎える2015年に「戦後70年と平和教育—戦後教育実践と教育方法学(1)—」のタイトルで立ち上がるのだが，常任理事会の席上，戦後教育の出発点が1945年なのか，それとも学習指導要領が示された1947年なのかの論議があったことは明記しておきたい。その後，「いじめ」問題とどう向き合ってきたのか，「子どもの貧困」を中心にして，と継続された。そうした経緯を踏まえ，本書は，全体にかかわって第1章「教育方法学研究における「戦後」教育実践」（折出健二会員）をおき，3年間のテーマであった平和教育，「いじめ」問題，「子どもの貧困」にかかわって，第2章「沖縄における平和教育実践の課題と展望—「モノ」教材と「共感共苦」を生み出す教材の有効性—」（山口剛史会員），第3章「学校は「いじめ」問題にどう取り組んできたか　いじめへの指導のこれまでとこれから—」（田渕久美子会員），第4章「戦後教育実践史における〈教育の生活課題化的構成〉の系譜」（奥平康照会員）で構成されている。

第Ⅱ部「教育実践研究におけるエビデンスとは何か」は，近年の教育改革の

論議において常套句にもなっている感のある「エビデンス」に焦点を当てて「教育研究におけるエビデンス」や「エビデンスに基づく教育」について，エビデンスのメタ的な議論，教育実践のファクト（事実）とエビデンス（証拠）の関係，教育実践の切り取り方や語り方をも含めて検討することを意図して，5つの章で構成されている。つまり，第1章「教育実践研究における「事実」とは何か」（藤江康彦会員），第2章「授業研究におけるエビデンスのつくり方―国際交流の視点から―」（的場正美会員），第3章「教育評価のエビデンスとしての実践記録―近代自然科学的証拠と体験反省的明証性の間で―」（遠藤貴広会員），第4章「特別支援教育の実践研究とエビデンス論」（湯浅恭正会員），第5章「教育方法学は教育実践をどのように語るのか―詩的・物語様態の定性的データに基づく省察と叙述の可能性―」（庄井良信会員）である。これらの論考を通して，教育方法学が教育実践にどのように寄与するのかを，あらためて再考する機会にもなっている。

　第Ⅲ部「教育方法学の研究動向」は，第Ⅰ部のテーマにも関連して，第1章「教育方法学における歴史研究の動向」（富士原紀絵会員），第2章「戦後教育実践に関する研究動向」（川地亜弥子会員）で構成されている。学術研究にとって研究テーマに関する研究動向をレビューすることは基本であり，教育方法学の「研究の地図」を描く上でも参考になる内容である。

　70年前の「序論」には，「これまでとかく上の方からきめて与えられたことを，どこまでもそのとおりに実行するといった画一的な傾きのあった」ことが「教師の考えを，あてがわれたことを型どおりにおしえておけばよい，といった気持におとしいれ，ほんとうに生きた指導をしようとする心持を失わせる」ことへの批判がある。本書が「長年にわたり積み重ねられてきた教育実践や学術研究の蓄積を生かしながら」多様な教育実践を生み出すことで「ほんとうに生きた指導をしようとする」多くの教師や研究者の一助になることを願っている。

2018年8月

代表理事　深澤　広明

目次 教育方法47

まえがき　　　　　　　　　　　　　　　　　　　深澤広明　　3

第Ⅰ部　戦後教育と教育方法学

1　教育方法学研究における「戦後」教育実践　　　折出健二　　12

1　教育方法学とはどういう学か　12
2　「戦後」の意味　13
3　教育実践を研究する要件　15
4　教育実践の思想的側面　18
5　結び　23

2　沖縄における平和教育実践の課題と展望
―「モノ」教材と「共感共苦」を生み出す教材の有効性―　　山口剛史　　25

1　はじめに　25
2　沖縄の平和教育の課題　25
3　課題を乗り越える教育実践を考える　28
4　沖縄戦学習における共感共苦を生み出す授業の実際　32

3　学校は「いじめ」問題にどう取り組んできたか
―いじめへの指導のこれまでとこれから―　　　田渕久美子　　40

1　学校の教育実践における「いじめ」問題への取り組みをどう見るか
　　―課題研究の発表から―　40
2　実践を読み直す―1970年代後半から何が起こったのか―　44
3　発達の視点からいじめの問題状況を読み解く　47
4　これからの指導のあり方を考える―ゼロトレランスとの関連で―　50

4　戦後教育実践史における〈教育の生活課題化的構成〉の系譜

奥平康照　53

　1　子どもの生活の課題に応答する教育実践の構成　53
　2　石田和男と恵那地域の教育実践
　　　―「生活綴方の精神」をもって教育を立て直す―　56
　3　高校女子生徒の生活現実に応答する吉田和子の実践　60
　4　子どもの安心という課題に応える綴方実践
　　　―なにわ作文の会と土佐いく子―　62
　5　「教育の生活課題化的構成」の位置　64

第Ⅱ部　教育実践研究におけるエビデンスとは何か

1　教育実践研究における「事実」とは何か　　藤江康彦　68

　1　はじめに　68
　2　「事実」をめぐる言説　68
　3　事実と解釈　70
　4　「事実」の生成　72
　5　おわりに　79

2　授業研究におけるエビデンスのつくり方
　―国際交流の視点から―　　的場正美　82

　1　エビデンスはどのような分脈で語られるか：授業研究への示唆　82
　2　教育学研究におけるエビデンスをめぐる論議　84
　3　授業研究の類型と文化依存度レベル　87
　4　授業研究において何がどのようにエビデンスになるのか　90

3 教育評価のエビデンスとしての実践記録
—近代自然科学的証拠と体験反省的明証性の間で—　　　遠藤貴広　96

1　日本の教育実践研究におけるエビデンスをめぐる諸相　96

2　実践記録を土台にした教育実践研究の展開　98

3　エビデンス概念の再定義　101

4　実践記録の科学性をめぐって　104

5　研究方法論の背後にある科学の認識論　106

4 特別支援教育の実践研究とエビデンス論　　　湯浅恭正　110

1　はじめに　110

2　特別支援教育でエビデンスが問われる背景　110

3　特別支援教育の実践研究・実証的研究をめぐって　112

4　エビデンスを意識した特別支援教育の実践研究に問われるテーマ群　113

5　実践の協働とエビデンス
　　—「エビデンスに基づく教育」から「実践に基づくエビデンス」へ—　118

5 教育方法学は教育実践をどのように語るのか
—詩的・物語様態の定性的データに基づく省察と叙述の可能性—　庄井良信　123

1　問題設定　123

2　省察的実践の淵源と詩の言葉　125

3　詩的多声楽による物語の紡ぎ合い　127

4　結論　132

第Ⅲ部　教育方法学の研究動向

1　教育方法学における歴史研究の動向　　　　冨士原紀絵　138

1　歴史学の動向と教育方法学の歴史研究　138

2　新史料による実証研究の進展と史料の産出　140

3　日本の戦前の新教育の評価をめぐって　141

4　戦前・戦後の連続性と生活綴方の評価　144

5　教育方法学における歴史研究の意義　147

2　戦後教育実践に関する研究動向　　　　　　川地亜弥子　150

1　はじめに　150

2　通史的研究　151

3　民間教育研究団体における教育実践―教育・保育と子どもの生活―　152

4　教科教育を中心とした研究　154

5　障害児教育・特別支援教育　157

6　おわりに　158

I

戦後教育と教育方法学

1　教育方法学研究における「戦後」教育実践

2　沖縄における平和教育実践の課題と展望
―「モノ」教材と「共感共苦」を生み出す教材の有効性―

3　学校は「いじめ」問題にどう取り組んできたか
―いじめへの指導のこれまでとこれから―

4　戦後教育実践史における〈教育の生活課題化的構成〉の系譜

1　教育方法学研究における「戦後」教育実践

人間環境大学　**折出　健二**

❶　教育方法学とはどういう学か

　佐藤学は、「教育方法学」の概念について、以下のように述べている。

　「教育方法学は、教育実践の様式と技術を原理的に探究する学問である。したがって、教育実践をどのようないとなみとして認識するのか、その実践をどう対象化しどういう理論的な枠組みに即して研究するのか、そして、その研究をどういう領域で構成して表現するのかが問われなければならない」（佐藤、1996, p.1）。そのうえで、佐藤は「教育方法学」の意味範囲の曖昧さを指摘し、「pedagogy」が近いが、教育の幅広いジャンルを包括する学際的な性格が重要であり、こうした諸研究の「混成体」としての学は「教育の実践学としての性格」を有すると捉える見地から、教育方法学を「教育実践の学」と定義した（同前、pp.1-5）。論理明快な定義である。

　「教育方法学」をめぐる佐藤の「問い」は的を射ているし、「教育実践の学」と定義することには、圧倒的多数の教師・研究者が同意するであろう。これまで教育実践に密着しながら、その学的深化を探究し続けてきた佐藤だからこそできる、的確な仕事だといえる。そのことに敬意を表したうえで、筆者が疑問に思うのは、同書では、「教育実践」の概念が取り立てて論じられていないことである。入門書ということもあり詳しく設けられている「用語解説」や「事項索引」にも、「教育実践」の言葉はあがっていない。おそらく、佐藤においては、それは自明のことだからであろう。あるいは、教師の仕事の原点である「教育実践」を、学的検討の枠組みからは解放しておきたかったのかもしれない。とはいえ、「教育実践をどのようないとなみとして認識するのか」と問うたの

は佐藤自身である。ヘーゲルが『精神現象学』の「緒言」で述べたように，学的な概念は，熟知から思惟へ，思惟から概念へという道程，すなわち推理という，媒介と否定をくぐる思考過程を内に含んで初めて概念となる（樫山，1961，p.33）。佐藤は同書で，「教育方法学」概念をまさにそのような学的作業によって考察し，明確にその本質を提示してくれた。では，なぜ「教育実践」は学的概念として対象化されないのか。そこに，佐藤においてさえ教師の仕事への熟知にとどまる「教育実践」の位置づけになってはいなかったか，と筆者は考える。「教育実践」の成立や，ほかの社会的実践とは違うその本質的な要件を，どう捉えるかを明らかにすることの大事さを思うからである。

　筆者だけの危惧かもしれないが，「教育実践の学」として定位される「教育方法学」のまなざしは，日々教師が営む教育活動には向けられるものの，その仕事を概念的に対象化するまでには取り上げない程度の対象であるということになる。ここには，佐藤に限らず，教育方法学研究に従事する者が図らずも立っている，「研究」と「実践」の関係がもちこまれていないか。そのことの自己点検も標題には含まれると筆者は考える。この問題には，もう一度立ち返るとして，まず「戦後」の意味を掘り下げておきたい。

❷ 「戦後」の意味

　臼井嘉一監修の集団的労作『戦後日本の教育実践：戦後教育史像の再構築をめざして』は，「実践記録・聴き取りをベースとする教育実践史」（臼井，2013，p.1）の学術的探究としてすぐれた集団的労作である。その書評で，佐藤広美（教育史学）は，同書から「初めて知り得た歴史的事実は多い」と高く評価する一方で，「教育実践史における戦前と戦後の関係」を問い，本書は「連続面」を強調するが，「教師の戦争責任・戦争反省」の検証抜きには「戦後教育実践史は描けない」（傍点は原文）と指摘している（佐藤，2015，pp.161-162）。本稿ではその件を全面的に論じる用意はまだできていないが，「戦前と戦後の関係」という論点は避けては通れない。

14 第Ⅰ部 戦後教育と教育方法学

　この問題について，国民教育編集委員会編（小川太郎・今井誉次郎他執筆）
『戦後教育問題論争：教育実践の科学化のために』が重要な示唆を与えてくれる。
今井誉次郎は，戦前の国家主義・軍国主義的な画一教育のもとでは教育目的論
争はタブーになっており，「観念論的な哲学のことばの遊戯程度にしか行われ
ていなかった」（今井，1958，p.303）と述べている。また，教育方法論争につ
いては，いわゆる大正デモクラシーの時期に樋口長市や手塚岸衛，及川平治ら
による方法原理の論争がみられたが，それらは「現場の実践の事実にもとづい
て，理論が打ち立てられたのではなく，（中略）新カント学派の教育学説の宣
伝のようなもの」（同前，p.304）であったと述べている。

　これらの問題提起は，当時の国家体制においては「教育界の一部をゆり動か
した」ほど画期的なものではあったが，「現場の教師たちは，ひたすら御説拝
聴」したが「現場の教育実践とは結びつかな」かった。こうしたなかで，奈良
女高師の「合科学習」の提起が「分科学習」との論争になったが，それは国家
主義・軍国主義批判にまでは至らなかった。現場の教師は，「理論と実際は違
うのがあたり前」と知るしかなかった。高邁な学説を説く教育学者に頼らず「自
分自身で，真実の教育を切り開いて行かなくてはならなかった」（同前，
p.306）。それが「教育目的への懐疑」となり，その実践的感覚はついには画一
教育批判にまで育っていった。このように今井は，当時の理論と実践の関係を
特徴づけた。戦前に岐阜で小学校教師として生き，上京して『綴方生活』編集
に携わり，教師として生き抜いた体験をもつ今井の提起として，真摯に受け止
めておきたい。

　森有礼による小学校令の全面改正後に教育目的を述べた新小学校令や，昭和
の戦時下の国民学校令を深く問うことなしに教師たちは教育実践を強いられ，
「敗戦という他律的な原因」（今井，同前）によって，いわゆる憲法・教育基本
法の体制下での教育に大きく変わった。ところが，戦後当時，小学校令と教育
基本法の教育の考え方をめぐる論争は生まれなかった。半面，戦前にはなかっ
た教育目的についての論争が教師や教育学者，さらに一般国民も参加して行わ
れたのが，戦後の特徴だ，と今井はいう（同前，p.310）。このような過程を経て，

「学者と現場人」とは戦前の「上下関係の結びつき」から戦後の「横の結びつき」に変わり，「教育学が，ほんとうの科学であるためには，日本の教育の現実の事実にもとづいて樹立されなくてはならない」（同所）ことが確立された。その動きの基礎を築いてきたのは，今井も言うように，多様な民間教育研究運動であり，日教組の全国規模の教育研究活動である。

　以後，これらの全国的な諸活動が，教育実践について「集団で思考する」研究主体を生み出し，「事実にもとづいて論争する」という自由な言論主体の方向性を促し，保持して今日に至っている。教育行政等への忖度で教育実践の発表を自粛したりすることはなく，また安易に「○○主義」と片づける横柄なやり方に惑わされず，堂々と教育実践者がその主体的言葉で子どもの成長と発達を語ることで道を拓いていく。ここに，「戦後」教育実践の原点があることをおさえておきたい。

❸　教育実践を研究する要件

　海老原治善『現代日本教育実践史』は「大正・戦前昭和期における民主主義教育をめざして努力した教師たちの教育実践の歴史をあとづけたものである」（海老原，1975，p.1）。海老原は，「教育実践」の概念は「戦中派の筆者には（中略）『臣道実践』の言葉の想起に通じるひびき」が感じられ「なじみにくい言葉」であったという（同前，pp.25-26）。「臣道」とは天皇制のもとで「臣下の守るべき道」（『広辞苑』第7版，2018）をいう。しかし，戦後に次々と生まれた実践記録の感動がその違和感を解きほぐした。（上述の今井の言説にもあった）民間教育研究運動等を通じて，「教育実践」は「権力の教育支配への抵抗という意味のこもった概念として成熟していった」と海老原は述べた（同前，p.26）。

　そのような系譜も参照しつつ，「戦後」教育実践のテーマで注目したいのは，碓井岑夫編著『教育実践の創造に学ぶ：戦後教育実践記録史』である。この著作は，教育方法学の研究課題と密接な関連を含む点で，いまなお貴重な成果である。なぜならば同書が，「戦後を問う」とは現代をどう見るかであるという

16 第Ⅰ部 戦後教育と教育方法学

歴史認識をもってまとめられているうえに,「現実との緊張関係において成立している」「教育実践記録」を考察の対象としているからである（碓井，1982，pp.1-3）。碓井は,「教育実践記録」について,「教育の仕事にかかわる者が自己の全生命をかけて対象に働きかけ，そのことを通して自分をも変えてゆく――その過程をリアルに表現してゆくという日本の教師たちが固有に発見した教育の方法」（同前）と捉え，それらは「量的な意味だけでなく，質的な意味においてもすぐれた教育遺産」であるとした(同所)。❶でとりあげた「教育実践」概念にかかわる視点が，ここでは，実践主体に寄り添う形で見事に述べられていた。同書は，1946年から1980年に至るまでに公刊された教育実践記録書79編を取り上げて丁寧に考察したものだが，その出発点に当たり，碓井は，このように述べていた。

> こうした多様な形態をとっている教育実践記録の底に流れる教育の思想，子どものとらえ方，教育内容・教材の構成と子どもの認識・技術，子ども・青年の集団における自治能力の形成過程など，を深く読みとってゆくことは，今日の教育を考え，教育実践を組織する有効な糧となるだろう。過去を単なる感傷や追憶の対象としてはならない（同前，p.46）。

ここには,「戦後三十年」の当時の教育情勢と真摯に向き合うがゆえに教育実践の歴史性に特に着目すべきだという碓井の研究者としての立ち位置が，感情をこめて述べられている。このような教育実践観は，今日も受け継いでいくべき研究方法の原点ではないかと筆者は考える。

そのことを立証しているのが，田中耕治編著『時代を拓いた教師たち：戦後教育実践からのメッセージ』および同編著『時代を拓いた教師たちⅡ：実践から教育を問い直す』である。編者の田中は,「戦後」の「意味を深く共有したい」という主体的観点から,「戦後を代表する一五の教育実践」を取り上げ，それぞれの実践の持つ社会的意味と，教育実践の創造という課題にいどむ実践主体像を描き出すことを追究したと述べている（田中，2005，p.3）。

同書の言う「戦後」とは，我が国が「不戦の決意」を固めてからの60年間（刊行当時）を指すとともに，その「戦後」がかつての時代のように「いつのまに

か『戦前』」になる危険性を含んだ時代性も含意している（同前）。田中が論じた「序章　戦後における教育実践のあゆみ」は，上記の「戦後」観にたち，敗戦〜 1950年代，60 〜 80年代，90年代〜現在（刊行時点）に至る歴史的経過を，主要な教育改革トピックスに焦点をあてながら論述している。どの時代にも「時代を拓く教師たち」がいたことの証明の労作といえる。筆者は，同書を通じて，教育実践の思想的側面をこれほど時系列的に，かつそれぞれの代表的実践の個性を的確に抽出しながらまとめたことに敬意を表するものである。同じことは，そのパートⅡの労作にもいえる。同書は，「学びを変える」「教科の世界を深める」「教育実践の源流をさぐる」「学校に文化をつくりだす」の4カテゴリーに分けて，17件の教育実践を考察している。

　さらに，この共同研究グループは，田中耕治編著『戦後日本教育方法論史（上）：カリキュラムと授業をめぐる理論的系譜』『戦後日本教育方法論史（下）：各教科・領域等における理論と実践』（いずれも2017）を刊行し，教育方法学研究の進展に大きく寄与した。上巻では，「戦後教育実践を学術的総括の対象」とするにあたり，「戦後日本教育方法論史に内在し，ときには論争という形態で浮上した論点（または課題）」として以下の5点をあげている（田中，2017a，pp.4-7）。「①学力と人格の問題，②科学・文化と生活の問題，③分化と総合の問題，④個別化と協同化の問題，⑤技術と芸術の問題」。これらは個別的探究ではなく，重複的探究の課題であり，「教育方法論は，これらの論点に対して，子どもたちへの働きかけという方法つまり具体的な実践を通じて挑戦し，考察する学問であり，その論点に含まれる対立する契機をいかに統一的に具体的に構想するのかを問う学問スタイルをとるものである」（同前，p.7）とした。また，下巻では，戦後のカリキュラム論史を大きく4つの時代区分において把握し，この見地から，各教科・総合学習・道徳教育・障害児教育の各分野の「変遷」を考察している。その時代区分とは，「戦後新教育の時代（1945〜50年代），統制の強化と系統性の重視の時代（60〜70年代），教育の自由化と『ゆとり教育』の時代（80〜90年代），グローバル化の進展とコンピテンシー重視の時代（2000年代）」である（田中，2017b）。

18 第Ⅰ部 戦後教育と教育方法学

　先に，臼井嘉一をリーダーとする研究グループが，「聴き取りをベースとする」教育実践研究の成果をまとめたことにふれたが，そのメンバーである和井田清司による『戦後日本の教育実践：リーディングス・田中裕一』も，本稿の課題から見て貴重な位置を占めている。「戦後派教師」とされる熊本の教師・田中裕一の聴き取りおよび田中の遺した実践記録や教育評論等を基に，一人の教師の自己形成と教育実践の相互関係，田中が開拓してきた「水俣病」授業実践を含む「公害と教育」等のテーマ構成のもとに立体的に整理している。田中の聴き取りの中で，敗戦前までは教育勅語等の権威付けをしてきた教師が，敗戦後は墨塗の教科書を前に「お前たちは民主主義を知らんのか」と田中ら生徒に向かって叱咤する姿に，教師の変節・「転向」の生々しい姿を見たことで，田中が「深い絶望と不信感」をいだいたことが語られた（和井田，2010，p.10）。その田中が教職を選び，「水俣病」問題を子どもたちの学びの世界に積極的に取り入れながら，教育実践を切り開いてきたところに，教師の自立と教育実践の思想的側面がありありと浮かび上がってくる。

❹　教育実践の思想的側面

（1）「働きかける者が働きかけられる」

　「実践」とは「実際に履行すること。一般に人間が何かを行動によって実行すること」（『広辞苑』第7版）とされる。日常生活の一例で，「ミカンの皮をむく」のも「実践」である。大事なのは，その「実践」の捉え方である。かつて城丸章夫は，「生活者としての人間は，個々の認識や技能には分解しえない人格として実生活に対面し行動しているものである。人間の行動というものは釘一本打つことも，箸で魚をつかむことも，全人格としての判断と能力を行使しているものである」（城丸，1992，p.199）と述べた。この見地から，人間の生活には認識や技能の「学習」と人格の「形成」が異なりながら深くかかわっており，「学習」と「形成」を「貫く法則」は「働きかける者が働きかけられる」ことにある，とした（同前，p.200）。「学習」と「形成」を意図して子どもへ

の働きかけを継続的に実行するのが「教育実践」であると捉えれば,「教育実践」のあらゆる場面でその「法則」は働いているといえる。

　上述した先行研究をとおして,教育実践は,子どもに働きかける営みの実行であること,その主体である教師が自己の生命をかけて子どもに働きかけ,そのことを通して自分をも変えてゆくこと（碓井,前出）,そしてそこには教育実践特有の「様式と技術」（佐藤,前出）があることを教えられる。そのうえで筆者が見出すのは,教育実践における子どもと教師（と共に学童保育指導員や社会教育者にまでも実践主体は及ぶ）の関係における内的な矛盾・対立とそれを乗り越える生き方である。ここでは,存在する姿の客観的な関係を問うているのであって,対立とは相互に規定しあう関係のことで,いわゆるトラブルや敵対関係などの現象を問題にしているのではない。

　先に「働きかける者が働きかけられる」の「法則」（城丸の言説）について取り上げたが,もう一度整理しておこう。教育実践とは,子どもと教師が人格主体として対面して交流し,働きかける者が働きかけられながら互いの学習と形成を実行する営みである,ということができる。この定義の試みでは,教育実践を教師だけの営みにしないで,一方の子どもという主体を位置づけること,相互の人格的な出会いと交流があることに着目すること,そして相互の矛盾・対立が "てこ" となって学習と形成が展開することに重きを置いた。これをさらに,子どもと教師の相互の価値形成ないしは価値追究の実際的行動とみるならば,そこには道徳性をめぐる教育実践の諸相が見えてくるが,本稿ではそのことには深入りしない。むしろ筆者が問いたいのは,教育実践特有の相互性を反映した教師の思想である。ここでいう思想は,対象となる子どもの内面に思いを巡らし,子どもの活動を想像しながら働きかけを構想し,その見通しを持ちながら実行するその全過程で働く教師の様々な思考の総体を指している。

　以下では,我が国の教育実践を代表する二人,斎藤喜博と大西忠治の営みから,その問題を具体的に考えてみたい。その手がかりを前述の田中編『時代を拓いた教師たち』に得ることにする。

20 第Ⅰ部 戦後教育と教育方法学

(2) 斎藤喜博の実践から

斎藤の教育実践の要素をあますところなく示したのが，国語授業での「出口」論争の場面である。校長の斎藤が小3国語の授業を参観していて，その教材には「あきおさんと みよ子さんは 森の 出口に 来ました。ふたりは助け合いながら やっと 家が 見える 所まで 来ました。（後略）」の場面があった。この読みで，子どもたちは「出口」を森の終わった最後のところとしたのに対し，斎藤は，「そうではない」と介入し，森とそうでない境界線の見えるところまで来たときに「出口にきた」と言った，だから出口の範囲は広いと，反対の解釈を出した。子どもが猛烈に反対してきたのに対して，斎藤はさらに，子どもたちが暮らす島村を例に，どこまで行ったら島村の出口に来たというか，境にある橋のたもとに来たときか，それともその橋が見えたときか，と問いかけ，子どもたちは「出口＝森とそうでないところの境目」とする解釈を揺さぶられ，境目の見える場所も出口とする新たな視点を得た。

子どもの固定的な解釈に対する反駁と否定，これを契機に生じる子どもたちの思考の葛藤，これを媒介とするより深い，質的に高い認識への変化。この集団思考の過程こそ授業の要だとする斎藤の授業観が働いていた。斎藤は，「授業とか指導とかは（中略）学級という集団のなかで相互にそれぞれの思考や論理を出し合い，激しく衝突しあっていくものでなければならない。（略）新しいものを発見し，自分の人間全体をその世界に入れていったりするものでなければならない」（斎藤『授業』，田中，2005，p.94，再引用）と述べている。

斉藤の実践では，このほかに「〇〇ちゃん式まちがい」の名で知られる，子どものつまずきを契機に深化する学級集団の形成が注目をあつめた。こうした実践が提示するのは，学びを探求する子どもたちと教師の対立・葛藤を直視し，その知的活動にとっての質的な契機を具体的に読みとり，その契機を「見える化」あるいは「からだ化」できるように演出する，もしくは応答する教師の技術である。

(3) 大西忠治の実践から

生活指導分野で実践的な問題提起を重ねてきた中学校教師・大西忠治は，子

ども集団の教育力をどう引き出し発展させるかを探究した。大西は，日教組教研集会の「生活指導分科会」に香川県報告者として自己の実践を提案し，後に「班・核・討議つくり」と定式化される「集団つくり」を提起した。大西が「つくり」の表記にこだわったのは，「班」を作ること，「集団」を作ること自体が実践目的ではなく，「集団のなかで生きる」ことを学ぶための教育的な構え・こしらえ（構造や方法のこと。前掲『広辞苑』）を指導技術として提示するためであった。その大西は，「集団のちから」（単に物理的力ではないので「ちから」と表した）を子ども自身が学び実践すること，そして子どもたちの自己指導が教師の指導をのりこえるほどに，その集団的自治は発展していくものであることを追究した。全生研（全国生活指導研究協議会）において常任委員の小中学校教師たちと「集団つくり」の細かな指導技術を実践的に議論して系統化し，これらの集大成が全生研常任委員会『学級集団づくり入門　第二版』(1971) として刊行され，全国の教師たちに大きく影響を与えたことは周知のとおりである。その大西が，みずから「いじめられっ子」だったがゆえに「集団」に強い関心を抱き，それが教育実践を貫くみずからの教育思想だと述べている（『大西忠治教育技術著作集』第1巻。田中，同前，p. 126再引用）。また，大西は，生涯を通じて，教師は教育技術の中に思想を込めて実践をするという教育実践観を語り続けた。筆者も若い頃に，「技術」の思想性を氏が熱く語る場面に何度か居合わせ，大西と討議するなかで批判を受けたこともあった。その論点は，（文章化されていないが）実践を理論で意味づけるのではなく，実践の中に理論を読みとることをどれだけ意識的にやっているか，であった。

　大西が世に知られることになった実践記録が『核のいる学級』(1963) である。田中編の前掲書に大西実践の特徴が簡潔にまとめられているが，筆者の言葉で表せば，大西も斎藤と同じように子ども集団に対する反駁と否定による「ゆさぶり」を通して，「集団のちから」を教えようとした。例えば，学級の最初，生徒の言い分を受けて男女別々の班を作った後に起きた男女間の対立・もめごとで，男子たちは「多数決」で「女子が悪い」と決めた。すると，女子のリーダーたちが男子の行動に対して「あんなムチャを黙っているんですか」「不利

益なことは黙っておるな」と先生は言ったではないかと，激しく大西に抗議した
たとき，大西は「そうだよ。それで・・・」と，わざととぼけてみたり，男子の
多数決のやり方はおかしいと憤る女子に，「もっといいきめかたがあるのなら，
女子から提案したらいいじゃないか」と反論したり，「これはみんなの問題で
あり，先生のほうへ怒ってくるのはお角違いだよ」と，ことさら厳しい調子で
語ったりした。この一連の大西の介入の仕方は，場面こそ違え，問う主体に子
どもを育てる点では先の斎藤の「出口」の介入と本質的には同じである。

（4） 小括

　つまり，ここで子どもたちに考えさせたい，ここがこの授業の学びの山場だ，
このトラブルこそ子どもたちが「集団とは何か」を考える格好の教材だなど，
実践の要所要所で，きめ細かく，しかも教師自身全てを傾けて子どもたちと向
き合っている。その要所をすかさず判断できること，その場面でどのような物
言いをして子どもたちと対面するかを心得ていること，その時の物理的な立ち
位置（真正面に立ってものを言うか，斜めの位置でそうするか，かなり距離を
とった位置から声かけするかなど）までも瞬時に選んで向き合えること，これ
らの一つ一つの実践が，教師としてのすべてを表すのである。

　ただ現実は，斎藤や大西のようにはなかなかいかず，実践場面の要所を感覚
的に知っても，子どもたちと思うようなつながりや応答関係をつくることがで
きないで，反省点ばかりが増えていく。しかし，それをもってただちに「指導
力不足」という言うべきではない，というのが筆者の考え方である。まず，子
どもとの間にある矛盾・葛藤を感覚することの大切さ，その感覚を介して何と
か応答しようとしていること，その応答が適切であるかどうかは自己の実践を
振り返り検証して学び直すことで乗り越えていくこと，こうした連続的な行為
の発展過程に，教師が変わり成長する大事な契機が潜んでいるのである。特別
なことではなく，職場の学年会や部会で，あるいは地域の自主的なサークルで，
さらには全国的な研究集会に参加することで，教師はその自己変革の契機に気
づかされ，そこにある学びを意識化し，課題として自己の実践の中に位置づけ
ていく。それらがやや粗くても体系化され概念化されるがゆえに，その教師の

技術観・指導観がより鮮明にかつ豊かになっていく。

　以上，ここでは斎藤と大西という二人の代表的実践の一端に触れて課題を論じてきたが，教師の教育実践は，行為の過程が思想的要素を生み出し，これを意識化して子どもたちとの関係性を見通して働きかけることで思想的側面が実践を方向づける，というように行為・行動と思考・認識との螺旋的な往還運動を内側に持つ実践である。逆に，この往還運動が損なわれたり，外的な圧力によってゆがめられたりするとなれば，もはや教育実践としての本来の性格を失うとさえいえるほどである。

❺　結び

　現在，全国の教育現場で教師はPDCAサイクル（plan-do-check-actの4ステップ）というホイール型モデルに従うことが求められ，それは「学校スタンダード」の名の下にマニュアル化されている。そのことに悩み苦しむ教師もいれば，却ってマニュアル通りのほうが楽でよいとする教師もいる。いずれも教育実践の実態の一面ではあるが，このような現状に教育方法学研究はどのように向き合うのかも，いま大事な課題である。

　国際的にはアメリカ・北朝鮮の緊張緩和の動きが見られ，国内では政権与党が憲法九条二項の戦力不保持自体を，新たな条項を加えることで実質的に変えようとするなど，情勢は流動的である。田中がその編著作の冒頭で述べたように（前出），いまは1945年以降の「戦後」であるが，後で振り返るといまこそが「戦前」となることにならないためには，国政レベルを含めた多くの課題がある。この時代のうねりのなかで教育方法学研究者は，どうするべきか。例えば諸外国の教育方法論を持ち込んで日本の教育実践の現状を批判し理想の姿を述べるだけでは実践研究とは言い難く，また過去の優れた教育実践をただ継承しその普及者になるだけでも，実践の開拓としては影響力を持ちえない。教育実践者たちがなぜ，どのような教育ビジョンをもって道を切り拓いてきたのかを読みとり，戦後の憲法・教育基本法の精神を基にどのような教育の実現をめ

24　第Ⅰ部　戦後教育と教育方法学

ざして，共々に教育実践をどのように切り拓いて行くのか。今日，その創造的
営みを追究する実践者・研究者の仕事づくりが求められている。本稿が扱った
先行研究の編著者・執筆者各位には，貴重な資料および論点・論旨を教示して
頂いたことに改めて感謝申し上げる。

<引用・参考文献>

- 臼井嘉一監修（2013）『戦後日本の教育実践：戦後教育史像の再構築をめざして』三恵社．なお，本書は一次資料をＣＤ化し付録に添付している。
- 碓井岑夫編著（1982）『教育実践の創造に学ぶ：戦後教育実践記録史』日本教育新聞社．
- 海老原治善（1975）『現代日本教育実践史』明治図書．
- 国民教育編集委員会編（1958）『戦後教育問題論争：教育実践の科学化のために』誠信書房．
- 樫山欽四郎（1961）『ヘーゲル精神現象学の研究』創文社．
- 佐藤広美（2015）教育史学会編『日本の教育史学』第58巻所載の「書評」。
- 佐藤学（1996）『教育方法学』岩波書店．
- 城丸章夫（1992）『城丸章夫著作集第8巻　教育課程論・授業論』青木書店．
- 田中耕治編著（2005）『時代を拓いた教師たち：戦後教育実践からのメッセージ』日本標準．
- 田中耕治編著（2009）『時代を拓いた教師たちⅡ：実践から教育を問い直す』日本標準．
- 田中耕治編著（2017a）『戦後日本教育方法論史（上）：カリキュラムと授業をめぐる理論的系譜』ミネルヴァ書房．
- 田中耕治編著（2017b）『戦後日本教育方法論史（下）：各教科・領域等における理論と実践』ミネルヴァ書房．
- 日本教育方法学会編（1995）『教育方法24　戦後教育方法研究を問い直す：日本教育方法学会30年の成果と課題』明治図書．
- 和井田清司編著（2010）『戦後日本の教育実践：リーディングス・田中裕一』学文社．

2 沖縄における平和教育実践の課題と展望
—「モノ」教材と「共感共苦」を生み出す教材の有効性—

琉球大学 **山口　剛史**

❶　はじめに

　沖縄戦から73年をむかえる今年，沖縄県内の学校における平和教育に注目が集まった。6月23日慰霊の日[1]がある6月は，「平和月間」として新聞テレビが各地の取り組みや特設授業の様子について報道する。今年，例年になく注目を集めた理由の一つが，2017年9月に起こった10代後半の若者によって「チビチリガマ」が荒らされた事件[2]の存在であった。その場を荒らした若者は，平和教育を受ける機会を持てなかった者たちであった。そこには平和教育の課題というよりも，沖縄の貧困・排除の問題が横たわっていたが，「平和教育は子どもたちに届いているのか」という平和教育に対する危機感が，マスコミ等でも取り上げられた。

　70年という時間は「沖縄戦の記憶と継承」に大きな課題を突きつけている。沖縄の平和教育実践は，「沖縄戦の記憶と継承」を通じ，平和形成の主体を育てようとしてきた教育実践ともいえるからだ。そのため，本稿では沖縄の平和教育の課題の一端を指摘し，その課題を克服する教材開発の方法として，戦争遺物の「モノ」教材としての有効性，戦争体験者に対する「共感共苦」を生み出すことの重要性について，自身の授業実践からその意義について述べたい。

❷　沖縄の平和教育の課題

（1）　沖縄戦学習は「軍隊とは何か」を問う教育

　沖縄での平和教育の大きなテーマは，「沖縄戦学習」である。それは，米軍

支配下の人権蹂躙状態の中で軍隊とは何かを問う中で，軍事基地によるさまざまな人権蹂躙と異民族支配からの解放という沖縄社会の現実を変革することを目標とした教育実践の中で生み出されてきたことを，山口剛史（2017），里井洋一（2018）は指摘している。沖縄戦を学ぶことは，戦争の悲惨さを学び平和の尊さを確認することにとどまらず，「軍隊とは何か」を考えることであった。沖縄戦研究は，沖縄戦の実相を掘り起こす中で「軍隊は住民を守らない」という教訓を明らかにしてきた。沖縄の人々にとって軍隊の記憶とは，たとえ自国の軍隊であっても自分たちの命を脅かすものであった。そのため，沖縄戦学習において「なぜ日本軍は住民を守らなかったのか」を追求していくことが重要な学習課題とされてきた。

（2） 戦争体験者減少の中での沖縄戦学習の課題

　沖縄戦学習における授業方法の特徴は，戦争体験者による講話である。村上登司文（2009）の指摘にもある通り，これは日本の平和教育の特徴とも符合している。沖縄戦から70年を越え，当然ながら沖縄戦体験者の数は減少し，戦争体験を語ってきた「語り部」の数も減少している。

　2015年に行われた沖縄タイムス社・朝日新聞・琉球朝日放送の県民意識調査によると，沖縄戦の記憶は風化していると答えたのは68％と高く，その危機感が表れた調査結果となった。沖縄戦について直に聞いたことのある人は75％いるものの，20代では4割が，30代では3割が「学校教育で」戦争体験を聞いたとなっている（『沖縄タイムス』2015年6月17日）。その中で貴重な戦争体験者の高齢化による体力等の衰えは，これまで行われていたような全校児童・生徒対象の体育館での講話形式での学習が困難となり改善を迫られている。

　もう一つ，沖縄戦学習において活用されてきたのが「モノ」である戦争遺跡であった。その中でも特に沖縄戦を語る「モノ」として平和学習に利用されているのが「ガマ」である。沖縄語で自然洞窟を意味する「ガマ」での体験学習は，沖縄県内の児童・生徒の平和学習だけでなく，県外の児童・生徒の修学旅行での沖縄戦学習に欠かせない。そこでは，沖縄戦当時の遺物の存在，米軍の攻撃によって焼け焦げた壁や天井などから，沖縄戦当時の様子を知ることがで

きる。何より「暗闇体験」といわれる，「ガマ」の中で電灯を消して暗闇にする時間が，子どもたちに大きなインパクトを与えてきた。「ガマ」は沖縄戦を追体験する「モノ」教材として現在も活用されており，戦争遺跡は戦争体験者に替わって沖縄戦の実相を伝えるものとして期待されている。

「第14回戦争遺跡保存全国シンポジウム南風原大会」では，「ヒトからモノへ」がテーマに掲げられ，戦争遺跡の活用が議論された。そこでの論点は，単純に「モノ」である戦争遺跡が戦争体験を語る題材として有効ということではなく，「戦跡を語るとき，人を登場させる視点は重要」（津多則光）という指摘[3]からもわかる通り，戦争遺跡を舞台とした人々の物語の重要性，そしてそれを伝える平和ガイド（授業者）のあり方が問われていた。「ガマ」での生活の様子，生き延びたあるいは亡くなった人々の姿や葛藤が語られなければ，「ガマ」という場を教材として活用したことにはならないという提起と受け止めることができるだろう。

このように，戦争体験者は減少し体験者の直接的な語りによる沖縄戦学習は減少していくことが避けられない中，非体験者による戦争体験の語り方が，教室の授業であれ，「ガマ」という戦争遺跡の場で行われる授業であれ問われている。沖縄戦における住民体験をどのように子どもたちに提示するのかという問題が，沖縄戦学習の課題とされているのである。

(3) マンネリ化が語る平和教育の課題

最後に指摘したい課題が，平和教育のマンネリ化という問題である。この問題の詳細については山口剛史（2018）にあるため，指摘の要点のみを述べ課題の整理としたい。

そこでは，「マンネリ」とされる言説を取り上げ，授業の問題を，①子どもの思考が生まれない授業，②子どもの実態・興味関心をふまえない授業という2点に整理した。①については，「戦争はだめ，平和が大事」という結論が決まっていることが子どもの思考を停止させていることを指摘した。

②は，毎年同じような授業が繰り返される中，学習内容・方法がワンパターンになることや，子どもの発達段階の配慮や教材化が行われないことを問題と

28　第Ⅰ部　戦後教育と教育方法学

した。そのうえで，マンネリ化の言説を「戦後70年という歴史が生み出した問題ではなく，『子どもが主人公の授業をどうつくりあげるのか』という問題という事」（山口，2018，p.192）と整理した。

　平和教育は，村上登司文（2009），竹内久顕（2011）も指摘する通り，「平和形成の主体」を育てることを目標としている。「平和が大事」という価値を一方的に刷り込むのではなく，沖縄戦学習においても子どもの疑問を大事にし，子ども自身の力で「平和とは何か」，「なぜ平和が大事か」を考える場が授業につくりだされているかが，平和教育の課題となっている。

❸　課題を乗り越える教育実践を考える

（1）　戦争遺物の「モノ」教材としての有効性

　ここでは，「モノ」教材の有効性について筆者自身の実践からその有効性について検討する。特に教室の中で考える「モノ」教材として「艦砲（爆弾）の破片」を使った授業を取り上げたい。これまでも，「爆弾」を授業でとりあげた実践研究としては，座安政侑（1990），里井洋一（1992）があげられる。座安は，不発弾の処理について1974年におきた聖マタイ幼稚園の不発弾爆発事故をとりあげている。里井は座安実践を「爆弾一つの威力を実感させるのみならず，不発弾処理の避難範囲から，その被害範囲を想像することを可能にする。（中略）爆弾一つの威力（質）と沖縄県全域に展開する不発弾（量）の結合は，沖縄戦における20万トンの爆弾の意味があきらかになるのみならず世界における戦争にまでその視野をひろげることが可能になる」（里井，1992，p.106）と指摘する。

　この成果をふまえ山口（2013）では，「艦砲（爆弾）の破片」を教材として活用した授業を開発した。ねらいは，沖縄戦当時の「艦砲（爆弾）の破片」を活用することにより，沖縄戦の特徴である「鉄の暴風」を具体的なモノで見せ，戦場をより具体的にイメージさせることである。沖縄戦で多くの住民の命を奪い，沖縄戦体験者の記憶に残るのが艦砲である。「艦砲ぬ食えぬくさー」（艦砲

の食べ残しの意）という言葉があるほど，体験者にとって艦砲は沖縄戦を象徴している。

　もう一つのねらいが，座安実践をふまえ不発弾事故をとりあげることで，沖縄戦と現在をつなげ，爆弾という兵器について子ども自身が考えることである。具体的には，2009年1月に起こった沖縄本島南部での不発弾爆発事故を紹介し，爆発の規模などについて確認する[4]。

　授業では，子どもたちには，「艦砲（爆弾）の破片」を「物体X」として観察させ何かを予想させたうえで，このような爆弾がふってくる場所から「どうすれば生き残れるか」を考えるという流れで授業を行っている。典型的な子どもの受け止めをある小学校での感想から紹介する。

・私は「沖縄戦」の事を学び，山口先生が持ってきてくれた，爆弾の破片を見て，実際にさわってみると，重く，少しとんがっていたし，でかくビックリしました。そしてその爆弾の破片は沖縄戦の時に，1畳に1つは落ちてくるという事も聞いて，またそのことにもびっくりしたし，「では生きるためにどこににげれば良いか」を考えた事で今日一日とても「沖縄戦」を深く理解する機会ができました。

　沖縄戦と現在をつなげるねらいに関し，小学校で授業を行った際の子どもたちの驚きが，「今でも地下に爆弾がある」という事実と「現在でも爆弾がつくられている」ということであった。子どもたちは爆弾を過去のものとしてとらえ，現代社会には爆弾はないものと考えていた。実践が小学校2年生ということもあるが，沖縄戦で多くの人を死に追いやった爆弾が現在も製造されていることへの驚きは，爆弾という教材がより普遍的な学習へと発展する可能性を示している。以下は授業後の子どもたちの感想である。

・わたしは，せんそうがおきたらばくだんの中にあるはへんでじぶんのおうちもこわされてこわいなと思います。そして，ばくだんを作っている

人には「ばくだんはおそろしいのでばくだんは作らないでください」と
言いたいなと思いました。
・今でもばくだんをつくっているってことがびっくりしました。
・なんでほかの国はまだ（爆弾を）つくっているのかもっとしりたいです。

現代の沖縄の子どもたちにとっても，戦争は身近なものではない。そのため，
沖縄戦を題材にしても現代の戦争による被害にしても，子どもたちに戦争ない
し戦場を実感させるためには工夫が必要である。それは戦争の悲惨さとしてリ
アルな被害の実相（被害者の写真など）を見せることではない。戦争における
殺戮兵器の存在を具体的に見せることにより，子どもたちに戦争の実相を感じ
させ，多くの疑問を残すことができる。今でも爆弾がつくられていることから，
「なぜばくだんが必要か」「なぜせんそうをするのか」という疑問につながって
いく。このように戦争の際に使われる軍事兵器の存在を実感させることは，軍
事力の必要性，軍事力による抑止力について検討していくための土台となる。

（2） 戦争体験者に対する「共感共苦」を生み出すこと重要性

次に，戦争体験者の教材化のポイントとして「共感共苦」の重要性について
言及したい。平和教育における共感共苦は，フランスのフォルジュが「アウ
シュビッツをいかに教えるか」という教育実践の際に提唱したもののひとつで
ある。フォルジュは，共感共苦を「他人の苦悩を想像する力」（フォルジュ，
2000 p.5）としている。今野日出晴（2008），安井俊夫（2008），竹内久顕（2011）
など，フォルジュを引用し共感共苦の重要性に言及している研究者は多く，そ
の価値が実践的にも検証されている。

歴史教育の立場から論じた今野は，「被害は抽象化され，観念化されていた。
そして，加害についても，その犯罪性ゆえに，自分とはかかわらないものとし
て，拒絶され，反発さえ招いていた。『じぶんとの接点を欠いて』『戦争の悲惨
さ』や加害のむごさを授業で扱っても，その『認識は蒸発し抽象化してしまう』
のである」（今野，2008，p.193）と課題を指摘し，特に加害者を「人間の眼」
で見る事の重要性を説き，戦場で立ちすくむ兵士の苦悩への想像力をフォル

ジュの共感共苦と同義としている。

　安井は，平和教育における「学習者側からの主体的な関わり方」として「共感＝共同」をあげ，それと同質のものとして，共感共苦をあげている。戦争学習での中学生の発言を引用しながら，「当時の人々の体験を共感的に受け止めているのだが，それを自分の恐ろしさとして実感している。対象に同調・同化するのではなく，自らのものとして語っている。これが共感という営みなのであり，その主体性を見逃すべきではない」（安井，2008，p.180）と，学習者の主体性を重要視する。中沢啓治氏のはだしのゲンにおける悲劇前の生活と，フォルジュの教材であるユダヤ人の強制移送前の日常とを比較し，これらの素材は学習者が対象に自ら関わろうとするものがあり，この主体性に共感＝共同の道があるとした（安井，2008，pp.185-187）。

　竹内は，フォルジュの伝達すべき「事実」「感動」「共感共苦」「価値」の4つをあげ，竹内の指摘する平和教育の「乖離」を埋めるものとして，共感共苦の必要性をあげている。とりわけ平和教育が二度と加害者をつくらないために，加害者への共感共苦を見直すことを提案している。

　これらの指摘には，それぞれふまえるべき点があることはいうまでもないが，さらに一点付け加えることで，フォルジュの教材観について言及しておきたい。それはフォルジュが述べている「感動」という点である。日本語版序文において，芸術作品による感動が歴史的事実の学びに対し，「おぞましさを前に心がうちひしがれて落ち込んだ状態と，おぞましさが子どもに及ぼすかもしれぬ魅惑と，この危険を二つながら避ける道を示してくれる」（フォルジュ，2000，p.4）と述べるように，安井もとりあげたフォルジュの教材論ともいうべき諸資料の取り扱い方がしめされる2章には，「感動」という言葉が随所に登場する。例えば，ユダヤ人が移送されることに対するパリ当局への陳情の手紙の価値を，感動を呼び覚ますと意義づけている。そこには，日常生活が破壊されていくプロセスの中であがく人々の苦悩や営みのリアリティ，自らの心情を訴える言葉（手紙の内容）がある。絶望や死に向かう中にも生への渇望や行動があることを読み解くことに対し，学習者が感動を覚えるとし，それが共感共苦を育み，

32 第Ⅰ部　戦後教育と教育方法学

さらに価値を育む教育へつながるとする。このように，感動を生み出す教材には人の営みが不可欠なのである。なお，感動を伝えるのはやはり体験者の存在であるということも強調している。

　ここには，沖縄戦学習の課題を改善する教材開発のヒントがあると考えられる。その一つが，沖縄戦体験者への感動，共感共苦についてである。指摘した沖縄戦体験者の減少に対し，そのさまざまな苦悩をどのように子どもたちに提示するのか，それはフォルジュが指摘するように体験者の苦悩や営みへの感動を生み出すこと，そしてその学習方法として安井の指摘する学習者としての体験者との共感＝共同を生み出すことだ。そのことにより沖縄戦における不条理，前述した「軍隊とは何か」を問うことのできる教材化が可能になるのではないか。もう一つが，沖縄戦における加害者の存在である。沖縄戦において，住民にとってはアメリカ軍，日本軍ともに加害者である。今野，竹内の指摘するように加害者への共感共苦を創り出すことで，「なぜ加害者となったのか」を考えることが，戦争のメカニズムに対する疑問や追求をはじめる原点となる。それは今野も指摘する，兵士も加害者にさせられた被害者という重層性へと思考を深めていくことにつながっていく。

❹　沖縄戦学習における共感共苦を生み出す授業の実際

（1）　共感共苦を生み出すための反実仮想の問い─里井実践の検討

　そして，共感共苦を生み出すための問いの工夫として指摘されているのが，「反実仮想の問い（もしあなただったら）」による思考のゆさぶりの効果である。竹内は，前述の今野実践などを検証することから，「あなただったら捕虜（人）を殺すか」という問いが，被害と加害の重層性を自らの思考の中に発見させ，平和を妨げる要因とそれを克服する道筋を発見できると，反実仮想の問いの有効性を述べている。この反実仮想の問いを使った沖縄戦学習の実践に里井洋一（1980）の「鉄血勤皇隊に入れと言われたらどうする？」がある。1980年にすでに「確かな根拠にもとづく理性的認識を培う授業を創り出したい。また，授

業の中で，教師が一方的におしつける授業ではなく，子供が授業に参加して彼ら自身の認識をゆさぶるような授業を創り出したい」（里井，1980，p.1）という現在の課題と同様な指摘がされているは注目に値する。

　簡単に，本実践における子どもたちの思考の様子を紹介したい。授業では，「ア いさんで入る　イ しかたなく入る　ウ 逃げる　エ いかないよう説得してまわる」という4つの選択肢で子どもたちが議論をした。その中では，「逃げる」という選択肢を選んだ子どもたちの思考をみてみると，彼らは「生き残る方法として逃げる」と述べ，アイでは「戦争に参加して死んでしまう」エを選んでも「非国民として殺されるか刑務所に入るのもいやだという」と主張している。一方，アを選んだ子どもたちは「国のためにアメリカを殺したい。逃げても捕まるし，エのように運動するとつかまって首とか斬られる」と主張した。そのような主張が交わされたのち，「逃げて殺されたとしても自分の意志で逃げたほうがしかたなく（鉄血勤皇隊に）入るよりはいい」「お国のために役立った方がいい」「お国のためだとかいうんですけど，国が戦前までに何か沖縄のためにしてくれましたか。（中略）何のためにわざわざお国のためとか言って，お国のために死ぬのはアホらしい」と議論が展開された。

　この授業は，たしかな根拠を持って思考することをめざして構想されたが，歴史的事実からは選択しようのない，結論が決まっていることを問う意味が問題として指摘された。歴史事実として，「鉄血勤皇隊に入らず，逃げる」という選択肢はなかったというのである。たしかに，あの時代の中で「逃げる」という選択肢は，とりえなかった選択であろう。しかし，逃げるということに込められている戦争へ協力したくないという子どもたちの意思表示の重要性，そして理由として沖縄の歴史性から日本へ協力することへの違和感を組み合わせて思考していることは，子どもたちなりに主体的にこの問いに対する判断をしようという意図を感じさせる。授業後には「なぜ戦争がおこる」という疑問や，「なぜ心のやさしい人が人を殺した」「何もしてくれなかった日本のためになぜ命をすてる」など，兵士として戦争に協力する（洗脳される）メカニズムに対する疑問が生まれている。このことから，主体的に考えることが，戦争の構造

34　第Ⅰ部　戦後教育と教育方法学

や戦争そのものに対する疑問を生み出すことを確認することができるだろう。
　里井が授業の問題点として指摘したのは，「根拠の弱い議論が多く出，資料に依拠した多様な認識の上に議論することができなかった」(p.11) という点である。ここには，反実仮想の問いの中における当事者への共感共苦をどのように育むのかという課題を発見することができる。里井実践の中では，鉄血勤皇隊員の豊里陳雄の遺書を，反実仮想の問いを考えるために出された当時の状況を読み解く資料として使い，鉄血勤皇隊員の思考や状況にせまろうとしている。豊里氏の遺書からは，積極的に鉄血勤皇隊に入って死を覚悟していることと並行して，家族への愛情・寂しさも同居していることが読み取れる。しかし，遺書を資料とするだけでは当時の状況を想像することがむずかしく，子どもたちの戦争観，軍隊観によって選択せざるをえなかったため，「根拠の弱い議論」となったのではないだろうか。もう一歩，戦時体制に身を置いた思考に子どもたちを置くためには，豊里氏の立場に立つことが重要だったのではないか。今野実践のように，その場に自分がいたらどうするか（捕虜を殺せるか殺せないか）という身の置き方ができるような状況を創り出したうえで反実仮想の問いを子どもたちに出すことにより，子どもたちが当時の時代状況に沿った根拠をもてるのではないか。

(2)　沖縄戦体験者の共感共苦を生み出す授業の実際

　これまで述べてきた課題を踏まえ，沖縄住民が体験した戦争について子どもたちと考えあう教材開発をすすめてきた。当初，小学生向けの教材開発ということもあり，子どもの証言にスポットをあて沖縄戦体験記録から証言を選択した。当時小学生の年齢の戦場体験とは軍隊に動員された経験（男子・女子学徒隊を含む）よりも，親や親せきに手を引かれながら逃げまどうというものであった。子どもたちが反実仮想の問いに取り組むためには，体験者との年齢を近づけることで，より体験者の置かれているシチュエーションに身を置くことができると考えた。そのことが，体験者が体験したさまざまな葛藤を理解しやすく，子どもたちに戦場のリアリティを獲得することにつながるものと予想した。また，戦場を彷徨する様子がみえる証言をとりあげ，できるだけ体験者の移動

距離やさまざまなエピソードから戦場の光景を想像できるようにした。沖縄戦学習の課題でもある「軍隊は住民を守らない」という内容については，具体的に体験の中で軍隊とのかかわりがみえる証言をとりあげ，子どもながらに日本兵とのかかわりから，どのような軍隊観を持っているのかが読み取れるようにした。

　ここでは，瑞慶覧長方氏（大里村出身）の体験記録を使った授業と子どもたちの感想から，授業の成果と課題について考えてみたい。具体的には，語り部としても活躍されていた瑞慶覧氏の沖縄戦体験を活用し[5]，アメリカ軍捕虜となった沖縄住民からの投降呼びかけに対し，米軍の言うことを信じて投降するか，これまでの日本兵が言っていることを信じて投降しないかを葛藤の場面として，「あなたが瑞慶覧長方さんだったらどうしますか」という問いにした。なお，葛藤場面の前提として，それまでの日々で瑞慶覧氏が多くの日本兵に出会い，壕追い出しを受けたり食料を奪われたりするいっぽうで，「戦争は負けるから生き延びろ」と言われたことを紹介。さまざまな日本兵の存在が葛藤するうえで価値があるだろうと予測した。以下は子どもの選択と理由の一例である。

①この人の言うことを聞いて裸になり，アメリカ軍の捕虜になる。

- ・たすけてもらえると思うから。てきどうしだけど，てきがそういうならたすけてもらえそうだし生きれそうだから。
- ・なぜなら今アメリカ軍がかっているからアメリカ軍の捕虜になった方がいい。
- ・死んでしまうより，裸になって，その人のことにしたがう。死ぬより生きた方がいいから。

②この人の言っていることは，「うそ」と判断し無視する。

- ・なぜなら，大丈夫といっても，あとからだまされたらこうかいするから。

36 第Ⅰ部 戦後教育と教育方法学

・アメリカ軍は自分たちに爆弾などをうってきたりしているのに，ゆうど
　うするからといっても，しんようはできない。しかも，一回日本の兵隊
　にも，うらぎられているから，うらぎられるかもしれないから。
・なぜなら，もし，うそでその人を信じてついていってもおそいし，アメ
　リカ軍は，日本人を殺すためにきたので，それに，なにかたくらんでい
　るかもしれないから。
・学校で「アメリカにつかまってはいけない」と当時は教えられているか
　ら教えられたことは，ぜったいに守らないといけないと，私が当時生き
　ていたら思っていたかもしれないから。
・その言った人がアメリカ人にやらないところすとか言われてやっていそ
　うだから信じられないし，アメリカの人はころすためにこういうことを
　やっているから。

　この授業では，子どもたちが自分たちなりに証言を読み解き，自分なりに判
断をしようとする姿が見られた。思考の根拠を証言の中に求め，自分なりに瑞
慶覧氏が重きを置くエピソードを選択したことで，①②の選択肢の判断の違い
が生まれることとなった。ただ①の主張には，瑞慶覧氏の戦場での価値基準や
行動規範を受けたものがあったというよりも，自分だったら「生き残りたい」
「死にたくない」という思考が生み出した結論である傾向が強いものとなった。
一方②は，戦場の中で「爆弾を落としているのはアメリカ軍である」ことをふ
まえ，そのことと投降の呼びかけに矛盾を見出す思考が生まれたり，戦場にお
いて日本軍とアメリカ軍が戦っているという戦争の構図を踏まえた判断をした
りと，証言の事実から自分なりの判断をしていることが読みとれる。中には，
当時の子どもの思考である「学校で教えられていること」から行動基準をつく
ろうという発想をした子もいたが，これは少数意見であった。このことから，
反実仮想の問いを考えるために体験を読み解くことが，体験者の置かれている
状況を読み解くことにつながっているといえるだろう。瑞慶覧氏の葛藤を再現
するまでは至らないまでも，子どもなりに葛藤していることは指摘できる。

2 沖縄における平和教育実践の課題と展望　37

　しかし，その葛藤は「他人の苦悩を想像する力」につながっていく「感動」といえるかという点では課題がある。一番の原因は，体験記録がフォルジュの「感動」に該当するような心情や苦悩がうまく表現できたものか検証されなければならない。証言でも体験者の心情や苦悩を子どもたちにも響く言葉で書かれたものを選ぶことの困難さがある。フォルジュが指摘する通り，芸術作品といわれるような完成度を持つ体験の掘り起しの難しさがあり，ここに教材開発の課題がある。

　子どもたちは体験を読んで思考しているのだが，それが戦場体験を中心に思考されており，当時の子どもの思想や価値観をどのように自分の体に取り込んだのかが次の課題である。実践では，具体的に教育思想や家父長制などの価値観を踏まえて思考するには，より具体的な時代状況や教育内容を把握し，自分のものとすることが必要である。特に，「捕虜になってはいけない」と体験者が考える理由を追体験するためには，体験記録を読むだけでは不十分であった。沖縄戦当時の住民に共感共苦するためには，限られた時間の中でも戦場という風景を想起させ判断をせまるだけではなく，住民の行動基準や価値観がどう形成されていたかを考える授業が必要であろう。

（3）　まとめにかえて―この授業の可能性

　この授業での子どもたちの疑問は，以下のようなものであった。

・なぜ日本兵は，捕虜になるなっていったんだろう。
・なぜ日本兵は日本人を殺したのか。アメリカ軍はやさしいのに，なぜ日本兵はアメリカにつかまるなと言ったのか。

　この疑問は「軍隊は住民を守らない」を考えるうえで重要な問いであり，現在の子どもと当時の子どもの大きなズレといえる。この認識のズレが，追求する価値のある問いとなることで，子どもたちにとって「戦争は悲惨，だからだめ」で終わることなく，「もっと知りたい，学びたい」授業となった。子どもたちの疑問から「子どもが追求したいズレ」を見つけること，沖縄戦研究の成

38　第Ⅰ部　戦後教育と教育方法学

果を自らの問いとして考えたことに，この授業の可能性を見出すことができる
だろう。

＜脚注＞

1) 牛島司令官自決の日とされ，沖縄戦において日本軍の組織的抵抗が終わったとさ
　れている。沖縄県はこの日を慰霊の日として県の追悼式を実施している。学校で
　は平和月間として各学校で平和教育の特設授業が行われる。
2) この事件はその後，少年たちと遺族や地域の人たちとの和解のための営みが始ま
　った。少年たちはガマを訪れ謝罪，学び直しがはじまり，仏像の製作，レポート
　の提出などを通じた対話がすすめられている。
3) 南風原町・戦争遺跡保存ネットワーク・沖縄平和ネットワーク・南風原平和ガイ
　ドの会（2011）『第14回戦争遺跡保存全国シンポジウム南風原大会報告書』2011
　年1月.
4) 2009年1月14日に沖縄本島南部糸満市の歩道採掘中に起こった事故。詳細は，
　同日の『琉球新報』夕刊を資料として活用している。
5) 「瑞慶覧長方」証言は，行田稔彦編著（2008）『生と死・いのちの証言 沖縄戦』
　pp.257-260，pp.584-594，新日本出版社を使用し，ワークシート教材とした。

＜参考文献＞

・今野日出晴（2008）『歴史学と歴史教育の構図』東京大学出版会.
・里井洋一（1980）「鉄血勤皇隊に入れと言われたらどうする？」，沖縄県歴史教育
　者協議会編『歴史と実践』第8号，pp.1-19，沖縄県歴史教育者協議会.
・里井洋一（1992）「不発弾教材の有効性」，『琉球大学教育学部紀要』40集，pp.97-
　107，琉球大学教育学部.
・里井洋一（2018）「第7章　社会科教育と沖縄の平和教育史」，星野英一・島袋純・
　高良鉄美・阿部小涼・里井洋一・山口剛史『沖縄平和論のアジェンダ』法律文化社.
・座安政侑（1990）「不発弾の処理—「安全な生活を守る」—」，田港朝昭編『平和教
　育実践選書4　沖縄戦と核基地』桐書房.
・竹内久顕編著（2011）『平和教育を問い直す：次世代への批判的継承』法律文化社.
・南風原町・戦争遺跡保存ネットワーク・沖縄平和ネットワーク・南風原平和ガイ
　ドの会（2011）『第14回戦争遺跡保存全国シンポジウム南風原大会報告書』2011
　年1月.
・ジャン＝フランソワ・フォルジュ（2000）『21世紀の子どもたちに，アウシュビッ
　ツをいかに教えるか』高橋武智訳，作品社.
・村上登司文（2009）『戦後日本の平和教育の社会学的研究』学術出版会.

- 安井俊夫（2008）『戦争と平和の学びかた：特攻隊からイラク戦争まで』明石書店.
- 山口剛史（2013）「沖縄戦を中心とした平和教育教材開発研究」科学研究費若手研究（B）課題番号 21730704, <https://kaken.nii.ac.jp/d/p/21730704.ja.html>
- 山口剛史（2017）「沖縄の平和教育」"平和教育学事典", <http://kyoiku.kyokyo-u.ac.jp/gakka/heiwa_jiten/index.html>
- 山口剛史（2018）「第8章　沖縄から考える平和教育実践の課題」, 星野英一・島袋純・高良鉄美・阿部小涼・里井洋一・山口剛史『沖縄平和論のアジェンダ』法律文化社.

3 学校は「いじめ」問題にどう取り組んできたか
—いじめへの指導のこれまでとこれから—

活水女子大学　田渕　久美子

　本稿では，2016年の日本教育方法学会第52回大会における課題研究Ⅱの内容をレビューしつつ，発表と質疑応答の過程で抽出された課題を踏まえて，筆者が今日までに考えてきたことを中心にまとめてみたい。課題研究の発表者と題目は次の通りであった。

・折出健二「『いじめ』問題の構図と教育方法学研究の課題—子ども・青年の人格発達に焦点をあてて—」

・藤井啓之「いじめの原因とその現れ方はどう変わってきたか—子どもをとりまく文化変容に着目して—」

・田渕久美子「いじめへの対応と学校づくりの課題—『修復』という視点を取り入れたときに見えるもの—」

❶　学校の教育実践における「いじめ」問題への取り組みをどう見るか　　—課題研究の発表から—

　折出会員は，まず戦後初期から今日に至るまでのいじめ問題の構図を，全国生活指導研究協議会（全生研）の実践と理論をもとに概観した。特に1970年代以降の徹底した能力主義・忠誠競争が「自他をはてしなく傷つけあうようないじめ・迫害的な状況をつくりだす」ものであった（竹内常一）とし，今日においては，当時と異なる質を伴ったいじめ・迫害的な状況が依然として起きていると指摘した。また1980年代半ば以降の研究史を取り上げ，提起された問題をまとめている。①いじめの「両義性」に着目し，「いじめ」を一括りにして弾圧するのではなく，「正義の原理」から「いじめ」への介入や指導が必要

であること，②社会の変化，人間関係の希薄化によって，子どもは＜子ども時代＞を喪失し，生活綴方教育や生活指導の有効性が減じ，「高度成長以降，とりわけ1980年頃以降に生育した子どもたちは，1960年代に結晶した戦後教育学の射程外に大きくはみ出してしまった」（桂正孝）こと，③学校が「管理と競争」によって子どもを押さえ込んだ時期と「いじめ」の発現とはほぼ重なること，④子どもがいじめという社会的問題と向き合う主体である，との見解などを示した。そして今日の教育方法学研究の課題として，起こったいじめへの「検証型の構え」ではなく，教授方法論・指導論の見地からの提言が必要とされているとした。アプローチの視点として，①「いじめ・いじめられ」関係をどう学びの問題として立ち上げるか，どう子どもたちの他者認識として具体的に育成するか，②対話の指導を主とする実践例の解析，③追い詰めるタイプの「いじめ」への介入のポイントを探ることが提示された。またいじめの本質は，相手に何か別の実質を持つ主体へと変化することを求めない，相手を操作し支配するだけの閉鎖性をもった対他者関係（＝内閉的アザーリング）とされた。

　藤井会員からは，相手を「楽しみながら死に追い込む」（村山士郎）いじめの態様を「新しい特徴」であるとした論をもとに，こうした質的転換が，1970年代後半〜1980年代初頭に起こり，1990年代中盤にレベルアップしたとの指摘があった。親や教師と子どもとの価値観のズレに着目するという視点から文化変容を主題とし，戦後日本社会の時代状況の変化と中学生・高校生の意識調査から，現状志向の強まり，親密圏の友人から家庭への移行，いじめを見て見ぬふりをする生徒がほぼ半数を占めることなどを指摘している。また全生研の実践から，いじめは，よく言われるように校内暴力や非行問題が下火になった後ではなく，1970年代後半に全生研の機関誌『生活指導』にしばしば取り上げられるようになったこと，1977年ごろに「非行の質的変化」＝自閉的，自己破壊的傾向と裏腹の関係にある攻撃的，破滅的傾向が指摘されたこと，1980年ごろには「加害者の被害者性」が指摘されていたことを示している。1980年を前後して「いじめの重篤化を食い止めていた，教師やリーダーたちの『正義』が，歯止めとして十全に機能しなくなりはじめた」こと，なかなか「正義

の方へ」と行かないひょうきんな子が学級のヘゲモニーを取るようになってきたことが示され、こうした現象は、教師の「正義」とのズレと表現された。また1990年代以降の生活指導実践において、いじめについての紙上討論を通して問題解決を図る実践例がみられるようになり、それを「正義の匿名化」によって多数派を占めることが可能になったものと指摘している。

両会員のまとめからは、いじめの明白な社会問題化が1980年代後半であったのに対し、1970年後半にはその深刻化に至る状況ができていたことを読み取ることができる。全生研等、教師による学校での取り組みは行われながらも全国的、現象的にはいじめは変質・深刻化したとみなされる。折出が述べたように、教育方法学研究として「いじめ」問題が活発に研究対象とされていくのは、1980年代半ば以降である。また文部科学省のウェブサイトに掲載されている「生徒指導関係略年表について」を見れば、昭和24年から平成16年までの「制度改正、審議会答申等」「通知、通達等」「事業関係」「学校教育の状況」「社会の状況」という項目があるが、「いじめ」という語の初出は1985（昭和60）年であり、このころから、社会的問題として大きく取り上げられ始めてきたことの表れといえる。すなわち、1980年代後半から今日に至り、研究としても教育政策としても取り組まれてきたが、根本的な解決策を見いだせていない現状がある。

筆者は課題研究の場で、今日の学校におけるいじめについて、教師が解決したとみなしても実際には解決になっておらず、より深刻化しているケースが見られることなどから[1]、今日の学校におけるいじめへの対応を、予防と解決にのみ焦点化するのではなく、いじめによって壊れた人間関係とコミュニティ（学校・学級）を修復するという視点が必要であると主張し「修復的対応」という概念を提起した。この着想の元になるのは、「修復的正義（Restorative Justice）」の思想と実践であり、応報的な司法システムのオルタナティブという面を持つ、コミュニティにおける積極的な問題解決と人間関係の修復を志向する考え方である。今日海外の学校において、その思想が実践化され「修復的実践（Restorative Practice）」と呼ばれている。基本的な実践構造は、以下のよ

うなものである。

　被害者と加害者はコミュニティにサポートされつつ，両者に中立的なファシリテーター／メディエイターが間に立って，対話およびカンファレンスを進めていく。加害者から被害者へは被害の弁償や心からの謝罪を行うことが促される。それに対し被害者は，加害者の心からの謝罪が得られたときに，赦しの気持ちを持つことができるかもしれない（「赦し」は可能性であって，決して強要されるものではない）。また修復による問題解決の本質には，人間としての成長を期待する「衝突を通しての学び」が含まれる。つまり起こってしまった紛争や問題から学ぶことが重視され，その方法は対話やカンファレンスである。さらに筆者は課題研究において，このような視点から戦後教育実践を振り返り，修復的視点を備えた学校づくりの要素を持つ実践をいくつか抽出した。その中には，全生研および日本作文の会（以下「日作」）に拠る教師の実践も含む。

　課題研究における発表と質疑応答を経て，筆者が継続的に考察すべき課題であると受け止めたのは，以下の3点である。第1に，教育実践の動向を眺めてみると，指摘されたような1970年代後半に起こり始めた子どもの変化が，今日にいたる生活指導実践の困難さにつながる。なかでも，いじめの問題はその困難さと深くつながっている。その子どもの変化に対して，折出の示唆したアプローチや筆者の提案した「修復的対応」も含めて，どのようなアプローチが意味を持つのかという研究課題がある。第2は，3つの発表に共通して用いられた「正義」という概念について，いじめ問題を克服する際の教育的課題としてどのように取り扱うべきかという問題である。第3は，いじめ問題についての指導や実践のあり方を規定する，教師と子どもとの関係性の問題である。

　いずれもすぐに答えの出せる課題ではないと思われるが，ここで第3の課題について少し述べる。修復的正義においては，紛争解決のためのファシリテーター／メディエイターは，加害者・被害者双方に中立な人物であることが必要とされる。日本の学校におけるいじめ問題について，修復的正義の考え方を取り入れた方法で解決を行えるのではないかという発想はすでにあるが，NPO法人でいじめ問題に取り組んでいる弁護士らからみたとき，担任教師は被害者・

44　第Ⅰ部　戦後教育と教育方法学

加害者に対して中立であり得ず，ファシリテーター／メディエイターの役割は果たせないとする見解がある（たとえば山田，2013，p.27）。一方，いじめは生徒指導上の問題行動であり，当然のように担任が中心になって指導するのが，学校の現状である。この点について，課題研究の質疑応答でも，教師がファシリテーター／メディエイターとして機能することは可能かどうか意見交換が行われた。筆者は可能であると考えたいが，どのような学校で，あるいはどのような教師－子ども関係において，「修復的対応」が実現するのか，あるいは逆に「修復的対応」によって，教師－子ども関係がどう変化するのか，いじめの指導のあり方を問う重要な問題であると考えている。また，そのことは，今日学校に浸透してきているゼロトレランスの生徒指導観を問い直す実践を構築する鍵になり得ると考える。修復的正義は，ゼロトレランスへのアンチテーゼでもあるからである。

❷　実践を読み直す─1970年代後半から何が起こったのか─

　課題研究においては，いじめ問題の質が変化したことが指摘されていた。筆者は，いじめの加害者が「楽しみながら」被害者を死に追いやっているという表現には違和感を覚えるのであるが，子どものありようが変化してきたというとき，変化の本質は何で，「いじめ」はどう変質したといえるのだろうか。またいじめられた子どもが自死に至るほどの事態が，なぜ頻繁に引き起こされてきたのだろうか。繰り返しになるかもしれないが，1970年代にどのような事態が進行していたのか，またその後の具体的な子どもの姿を，日作の実践からみてみたい。

　日本作文の会常任委員会は，『作文と教育』1980年1月号の巻頭に「80年代をむかえ，なにをどうかかせるか」という論文を載せている（日本作文の会常任委員会，1980）。1970年代を顧みて，学校教育においては，「国家主義的イデオロギーの強化，能力主義の徹底，操作主義・機能主義の奨励がいっそういちじるしくなってきている」とし，学校教育以外のところでは「政治と経済政

策，社会文化の諸政策の破綻とゆがみは，子どもたちをとりまく自然環境，生活環境を破壊し，生きた生活事実・伝統文化・風俗・習慣などをふくむその環境をとりまく自然環境が，おのずと保持していた子ども・青年をよく形成したところの『教育力』を弱めるか，失わせてしまった」としている（同上，p.13）。続けて，「70年代後半になると，さきにあげた政治，経済，社会文化政策の破綻とゆがみは，子ども・青年たちの生活と意識にも，いっそう急激な変化をもたらしはじめた。『子どものすがたが見えなくなった』『子どもの心をとらえられぬ』などとのことばも言いかわされ，子どもの発達可能性をどう考えるかという，教育にとって本質的な問いが，みんなのものとなりはじめた」としている（同上，p.14）。

　生活綴方教育を通して，子ども一人一人の生活や思いに自覚的に迫ってきたはずの教師たちから，「子どものすがたが見えなくなった」「子どもの心をとらえられぬ」という思いが強くなってきたことに注目せざるを得ない。このことは，子どものありようのあまりに急激な変化と，それにとまどう教師の思いであると考えられるが，同時に教師が，大人としてあるいは綴方教師として持っていた，子どもを理解する枠組みや視点の有効性が失われたことを意味しているだろう。同論文では続けて，これまで行ってきた生活綴方教育の仕事に言及しながら，「子ども主体の積極性，能動性，意欲性」について「ひとりひとりの子ども・青年たちが，かれらをとりまくナマの自然や社会，人間の事に積極的にかかわろうとしない傾向がつよまっているときには，表現主体者である子ども・青年たち自身の積極性，能動性，意欲性をひきだしていくための日常生活のしぶりや，表現活動のなかでの指導のきめ細かいくふうがいっそう要請されなければならない」と述べている（同上，p.18）。こうした内容から，子どもたちの周囲のものやこと，人とつながる意欲の希薄さと，それが克服すべき課題と考えられていたことがみえてくる。しかし今日の視点からは，こうして掲げられた課題が，依然として困難であり続けているといえよう。

　具体的な子どもの姿がどう変化し，教師の目に見えにくくなったのか，1985年ごろの生活綴方教育の実践記録からひとつの事例を取り出してみたい。取り

46　第Ⅰ部　戦後教育と教育方法学

上げるのは，福島県の中学校の国語科教師であった佐藤淑子の実践をまとめたものである（佐藤，1993）。佐藤は日作の会員であり，この記録はいじめ問題を強く意識してまとめられている。

　ここでは，実践記録の第2章にあたる下元有子という生徒とそのいじめをめぐる作文を取り上げる。佐藤が担任としてではなく国語科担当として指導した作文であり，1985（昭和60）年4月から1989（平成元）年にかけて書かれたものである。有子は小学校のときから大人びて目立つ「ボス的存在」であり，中1になっても同様であった。1年のときにはさち子をいじめている。2年になって立場が替わって朋実のグループにいじめられ，その際に支えになってくれた友人への思いを綴った。3年では，いじめられているまり子の姿を見て，いじめていた自分・いじめられていた自分を通し，いじめについて考え，1年のときにさち子を「気ばらしの材料として」いじめた反省の気持ちも綴っている。佐藤は，有子が「人間の痛みがわかるまでに彼女は少なくとも約三年はかかったことになる。そして，『そういう人（いじめる人）にわからせようとしないのも悪いと思う』〔有子の作文からの引用：引用者注〕ようになったのだと，自分のわくを越えて，他人へのはたらきかけにもおよんで述べている」（佐藤1993，p.155）と有子の成長を述べた。

　注目したいのは，2年のときに有子をいじめた朋実のグループにいたひかりの作文である。ひかりは，2学期の作文の課題に「課題からはずれるけど，ぜひ書きたいことがある。だけど，みんなの前では読まないで」と佐藤に作文を提出した。その作文では，「なぜ有子さんをいじめるか，何の意味・目的もないのに，私は友達だからという感じでいっしょにいじめる方に回っていた」と記されていた。作文中にも，有子への嫌がらせをそそのかすようなことを朋実に言う一方で，朋実のいないところで有子に近づき，朋実のことを「あの人，わがままだから。あんな人，かまうことないよ。気にすんな」と話しかけたことが記されている。

　佐藤はこの作文を読み，初め「無節操きわまりないと憤慨しないではいられなかった」と述べるが，作文サークルでこの作文を読み合ったことで，考えが

変わってきたという。「Aグループに入っていたかと思うと，何分もすぎないうちに，Aとは対立関係にあるBグループについていい顔をしている。なんの矛盾も感じていないような平気な顔で。こうした子はどこにでもいる。ひかりだけが特異な存在ではなかろう。……相対する二つのグループの間を行き来するのは，大人の世界では無節操，主体性のなさとしてかたづけられるが，子どもの世界では主体確立にいたるまでの過程ととらえてはどうだろう……私は，こうした立場にある子を大人の感覚で責めたり非難したりするのはよくないと思うようになっていった」(同上，pp.143-144) と述べている。

　ひかりが有子をいじめた理由は，「何の意味・目的もない」が朋実の「友達だからという感じ」だからであった。だが，ひかりは朋実のいないところで，朋実を裏切るようなことを言っている。有子になぐさめの言葉を掛けるが，自分は朋実のグループにいて，いじめを否定しているわけでもない。罪悪感やひどく悩んでいるような気持ちも表現されていない。作文に現れたとらえどころがないと感じられるひかりの姿が，今日私たちが理解することが難しいと感じている子どもの姿と通じるものであるように思われる。

❸　発達の視点からいじめの問題状況を読み解く

　今日に至り，子どものありようはさらに難しくなっているように思われる。また，有子やひかり世代の子どもたちは，今や親の世代になっている。いったいどんな大人になり，その子どもたちの世代はどう育っているのだろう。ひかりの姿から，いじめという行為をどう理解するか，手がかりを得ることを考えてみたい。

　ひかりの姿は佐藤が述べるように，主体確立に至らない発達途上の姿ととらえることがふさわしいように思われる。いじめられる側のつらさに表面的な理解は持ちつつも，相手の痛みを本当には認識することができていない。朋実のいるところといないところでは矛盾した言動をとる。こうした様子は，発達課題を示すものでもあるといえるのではないか。あるいは，不安定な「関係的自

己」を生きている姿であると読み取ることができるようにも思われる。

　楠凡之は，いじめという行為をどう理解すべきなのか，次のように示している。①屈折したかたちでの生きづらさや内的葛藤の表出，②無力感や劣等感を否認し，屈折したかたちで自己肯定感を取り戻そうとする悲しい営み，③発達の糧となる生活世界を求める「発達要求」（楠，2013，pp.182-188）。また，いじめの加害者が，親からの虐待なども含め他者から苦しめられてきたことなど，いじめとなって表出される行動の裏にある意味の読み解きが求められことが示唆される（楠，2002，2013）。

　いじめの要因となるものを，社会の変化によってもたらされた「子ども時代の喪失」「人間関係の希薄化」などによる人とのかかわり方の未熟さととらえるだけでは，教育的な働きかけがどのようにあるべきかみえてこない。発達途上の姿の読み解きとともに，発達のもつれを理解することが求められる。子どもたちの他者認識・他者理解はもちろん，「正義」といった価値に関わる道徳性の発達なども，発達課題としてとらえることができよう。また，背景にある大人社会のあり方が子どもたちに否定的な影響を与えていること，大人が子どもたちのモデルとなり得ていない状況も考えられる。今このような社会を生きている子どもたちが，他者との豊かな関係性を学ぶ機会を奪われているのならば，その学びをどう保障するのかが課題である。

　私たちには子どもたちを理解することについて，いじめが「正当化」される子どもたちの「論理」，あるいは「論理」といえるほど思考されたものではない「葛藤の表出」，あるいは発達の未熟さを，個々の子どもの語り（ナラティブ）に沿って理解することが求められているのではないだろうか。発達をふまえた，このような子ども理解があってこそ，教育的な働きかけによっていじめを解決し，子どもたちがいじめという問題の経験を通して学ぶ学級や学校をつくろうとすることができると考えられる。その前提として，教師が，子どもたちの発達を理解し，発達の可能性を信頼する思いを持たなければ，いじめという問題から学ばせようとすることはあり得ないだろう。

　ひかりは，なぜこのような作文を教師に見せようと思ったのだろうか。もち

ろん，佐藤にだからこそ見せたかったのかもしれない。だが，なぜいじめに荷担している自分のことを，「教師」である佐藤に伝えたかったのだろうか。しかも推敲するようにとの指導を受けて，1ヶ月かかって書き直してきた。課題でもないのに自分の思いを教師に伝えたいという気持ちがあったとすれば，ひかりには，教師（佐藤）に自分自身のありようを読み解いてもらいたいという思いがあったということはできないだろうか。

　今，学校と子どもたちのありようはさらに大きく変化している。筆者が大学で担当する講義で生活綴方教育について話し，中学生の作文を読み聞かせると，受講した学生は，中学生が教師に自分の思いをさらけだすことや，学級で読みあうことができた過去の実践に驚く。現代の子どもは，友人であっても家族であっても，ましてや教師に自分の内に抱えている思いを簡単にさらけ出すことは難しいというような人間関係を生きている。また課題研究の発表において藤井は，今日若い教師自身が，「コミュニケーションがリスク化した中で生きている」と指摘した。教師がリスクを回避し子どもたちに対話を求めることがなくなれば，当然学校現場では，これまで積み重ねられてきた生活指導実践を辿りながら実践化していくことはできなくなる。

　他方，有子がいじめていた自分を振り返り，他者へのいじめを止めなければと思うようになった成長は望ましい結果であるが，今日，そのような成長をのんびりと待つことも難しい。深刻化し限度のないいじめが頻発する現在の状況では，人間関係が修復されないまま，いじめられた経験だけが残ることは，子どもの人格形成あるいはウェルビーイングの視点からはとても大きなリスクとなる。すなわち，いじめがわかったときにこそ，どのようにして他者の心境の理解に導くかということが重要である。子どもたちが他者認識を深め，いじめについて，対話を通して主体的に自分の問題として考え取り組むことができるような，修復に向けた指導や仕組みを学校につくることが必要であると思われる。

50　第Ⅰ部　戦後教育と教育方法学

❹　これからの指導のあり方を考える─ゼロトレランスとの関連で─

　教師が，いじめ＝悪という図式にとらわれて，悪を裁こうとするだけでは，根本的な問題の解決にはならない。にもかかわらず，これまで前節で述べてきたような子ども理解の視点は，今日のようなゼロトレランス志向の前では，指導上必要とされないものになってきていることが危惧される。

　文部科学省によって，2005年から日本に紹介され広められているゼロトレランスは，世取山洋介の定義によれば次の通りである（世取山，2017，p.16）。

　　　学校における安全の維持を目的として，非違行為と罰の事前のルール化，罰の適用されるべき非違行為の軽微なものへの拡大，軽微な非違行為への停・退学のほか学校内隔離（in-school suspension）など重い罰の適用，および，ルールの例外なき適用を求める思想または政策。

　定義に見る通り，非違行為（非行や違法行為など社会的な非難に値する行為）と罰はあらかじめルール化されており，子どもが問題を起こせば行為の種類によって罰が適用される。つまり，個々の子どもの事情は考慮されずに，軽微な非違行為も見逃さない指導，別室指導などが実施される。世取山はゼロトレランスの生徒指導について，「権威への服従の教え込み〔1980年代の管理主義を指す：引用者注〕などという子どもの人格形成への働きかけはもはや存在せず，あるのは，競争的秩序の効率的な防衛のための罰を通じた子どもの行動管理だけなのである」と述べている（同上，p.5）。先に述べたように，かつて管理主義の強化といじめ問題の増大は，時期を同じくして起こった。しかし，ゼロトレランスは管理主義ですらない。このような生徒指導がさらに浸透し実施されるようになれば，問題行動を起こした子どもと教師が対話する必要も認められなくなるだろう。世取山が，子どもの心理的特性として「人格と行為の区別」が難しく，「子どもは行為への批判を受ければ，人格の全面否定という恐怖にさらされること，そして，人格の保存のための働きかけが伴わなければ，子どもに対する非難は子どもの精神的健康に大きなダメージを与える」と指摘している（同上，p.26）ことから，対話がなく罰だけを与えられることは，教師の

目に見える問題を起こしやすい傾向を持つ子どもと、そうでない子どもとの間に、人格発達の上での「格差」をつくることにもなりかねないと考える。また、教師への不信感は強まり、「指導死」を招くリスクも増大するのでないだろうか。

　竹原幸太は、「修復的実践では問題行動を法や規範への違反としてではなく、人間関係への害悪としてとらえるため、大人の一方的な指導であるゼロトレランスで抜け落ちている、対話によって促される他者への共感や道徳的葛藤を経由した道徳性の発達が期待できる」（竹原、2006、p.131）と述べている。このような視点からも、「修復的実践」が持つ教育的意義を重視したい。また、犯罪学者であるグラボスキーは仮説であると断りながらではあるが、犯罪行為の再犯防止について、ゼロトレランスによる対応と修復的司法による対応を比較して、「加害者と被害者との間に、<u>当初から何某かの関係が存在していた場合には、RJ</u>〔Restorative Justice：引用者注〕<u>が効果的なのではないかと考えている</u>」〔下線：引用者〕とし、さらに「学校内で起こった非行事案、特にいじめにはRJがより適しているのではないか、そして、そのカンファレンスが、学校内でのいじめを低下させる効果を持つのではないかとも考えている」と述べる（グラボスキー、2006、p.90）。いじめの当事者とそれを取り巻く者が参加して行われるカンファレンスは、いじめ問題から学ぶための「仕組み」として機能し、そのような学びを基礎に、互いを尊重するコミュニティ（学校・学級）がつくられるのではないだろうか。

<注>

1) 文部科学省は2013（平成25）年10月1日付けで発表された『いじめの防止等のための基本的な方針』を2017（平成29）年3月14日に改定し、「いじめは、単に謝罪をもって安易に解消とすることはできない。いじめが『解消している』状態とは、少なくとも次の2つの要件が満たされている必要がある」とした（文部科学省、2017、p.30）。2つの要件とは、①いじめに係る行為が止んでいること（目安として少なくとも3ヶ月という期間を示した）。②被害児童生徒が心身の苦痛を感じていないこと。また、「上記のいじめが『解消している』状態とは、あくまで、一つの段階に過ぎず、『解消している』状態に至った場合でも、いじめが再発する可能性が十分にあり得ることを踏まえ、学校の教職員は、当該いじめの

被害児童生徒及び加害児童生徒については，日常的に注意深く観察する必要がある」としている（同上，p.31）。文部科学省のこうした対応も，教師がいじめを把握・指導し謝罪などがあったにもかかわらず，被害者生徒が自殺する問題が生じたことなど，学校で本当の意味での解決がなされていないことへの危機感の表れであると理解できる。

＜引用参考文献＞

・楠凡之（2002）『いじめと児童虐待の臨床教育学』ミネルヴァ書房.
・楠凡之（2013）『虐待・いじめ 悲しみから希望へ―今，私たちにできること』高文研.
・ピーター・グラボスキー（Grabosky, Peter）（2006）「ゼロ・トレランスと修復的司法」，細井洋子・西村春夫・樫村志郎・辰野文理編著『修復的司法の総合的研究―刑罰を超え新たな正義を求めて』pp.84-90，風間書房.
・佐藤淑子（1993）『仮面をぬいだ子どもたち』エミール社.
・竹原幸太（2006）「修復的実践と道徳性の発達」，『早稲田大学大学院文学研究科紀要』第1分冊52，pp.131-140.
・文部科学省（作成年不詳）「生徒指導関係略年表について」http://www.mext.go.jp/a_menu/shotou/seitoshidou/04121504.htm（最終アクセス：2018年3月19日）.
・文部科学省（2017）「いじめの防止等のための基本的な方針」（2017年3月14日改訂版），http://www.mext.go.jp/component/a_menu/education/detail/__icsFiles/afieldfile/2018/03/19/1304156_02_2_1.pdf（最終アクセス：2018年4月29日）.
・日本作文の会常任委員会（1980）「80年代をむかえ，なにをどうかかせるか」，『作文と教育』1980年1月号（355号），pp.13-23.
・山田由紀子（2013）「『いじめ』の予防と解決に修復的対話を！―千葉のNPOの試みから」，共生と修復研究会編『共生と修復』第3号，pp.27-29，東京学芸大学人文社会科学系法学政治学分野宿谷研究室.
・世取山洋介（2017）「はじめに」（pp.3-9），「日本におけるゼロトレランス政策」（pp.12-34），横湯園子・世取山洋介・鈴木大裕編著『「ゼロトレランス」で学校はどうなる』花伝社.

4 戦後教育実践史における〈教育の生活課題化的構成〉の系譜

和光大学 **奥平　康照**

❶ 子どもの生活の課題に応答する教育実践の構成

　山元中学校・無着学級の生活綴方集『山びこ学校』（1951）は，戦後日本の教育実践の画期をなす記録である。無着成恭（1927-）の実践は，生活と文化の貧困という悪条件の中においても，新しい社会を担う力量と人格をもつ子どもたちが，その貧困の真っただ中から育つ，そういう展望と確信を多くの教師と教育学に抱かせることができた。教育界だけではなくて，ジャーナリズム界も，諸分野の研究者たちも，新しい日本社会形成の実践と研究を切り拓く基礎がそこにあると見て，無着の「山びこ」実践に注目した。多くの人々が，それほどに大きな期待をよせていたにもかかわらず，その期待は個々の教師と研究者の直観の域に停滞し，日本の教育実践風土に育った生活綴方教育を土台とした新しい教育学の展開という，大きな流れにはならなかった。

　教育科学研究会（以下「教科研」）は，機関誌『教育』の戦後創刊号（1951年11月）の特集として「『山びこ学校』の総合的検討」を組んだ。その教科研も「山びこ」実践への期待の路線をそのまま進むことなく，50年代後半になると「山びこ」実践や生活綴方実践のような総合的教育実践から，各教科指導や教科外指導・生活指導などの諸領域別の実践の強化へと，研究活動方針の向きを変えることになった。

　生活綴方は無着の教育実践の進展を支えた方法であり，「山びこ」実践への評価とともに50年代日本の教育実践の中に急速に広がった。その広がりを支えた「日本作文の会」も60年代に入ると，綴方・作文を教育の全体にかかわる総合的教育実践の方法と位置づける思想から離れていき，1962年には国語

科の一部としての位置に限定する方針をとると宣言する，方針転換を行った。

　無着自身も山形県の山元村（現在は上山市）を離れて東京遊学の後，明星学園に職を求めた。その明星学園では生活綴方教育を離れて，教科教育を核とする学校づくりに邁進し，その実践を世に問うためにと言って，明星学園各教科同僚を動員して，教科作文集ともいうべき『続・山びこ学校』(1970)を出した。しかし無着は，自分の「山びこ」実践についてまとまった論評をすることはなく，「山びこ」実践と「続・山びこ」実践との関係についてもあいまいなままに，生活綴方教育実践を離脱した。

　50年代前半に「山びこ」実践に日本の新しい教育の展望を見た多くの日本の教育学と教師たちは，早くも50年代後半になると，教育実践とその探究の重点を転換しはじめた。生活綴方という主体的生活表現を通して人間をつくり社会をつくるという，総合的教育と学習の形ではなく，教育の過程を各部分に分節化し，各教科指導と生活指導の内容と方法の体系として，教育実践を構想し，探究するという方向への転換である。教育過程分節化による実践的理論的探究は，それ自体としては大きな成果をあげた。

　そうした教育界全体の趨勢にもかかわらず，「山びこ」実践とその生活綴方教育の精神を継承し，その方向での探究を続けた実践者と研究者たちがあった。『「山びこ学校」のゆくえ』(2016)は，その人たちの思想と理論の中に，「山びこ」実践の教育思想・理論としての意味を見直し，明らかにしようしたものである[1]。しかしそこでは，「山びこ」実践とそれを継承する思想・理論の努力の中心を，明瞭な概念をもって表現できていなかった。その後にたどりついたのが，「教育の生活課題化的構成」と表現できる思想である。それは「山びこ」実践において一つの頂点として顕現し，その後間もなく衰退するが，絶えることなく伏流となって続き，ときに表流となって現れる一つの流れである（奥平，2017参照）。近代教育とその思想・理論を「教育の文化的・発達的構成」と概括するならば，それに対抗しその構造的弱点を乗り越える思想だと位置づけることができる。

　「山びこ」実践は，山元村の中学生たちが，その真っただ中で生きている現

実の村と家族と自分の生活の問題（経済的・生産的・文化的貧困，地域と家族の前近代的人間関係など）を，ありのままに綴り，論議し，考えることを通して，自分自身の生活的学習・探究課題としてとらえ，その解決へ向かって生きる展望を開くものだった。それは，子どもたちがその生活を綴り表現し，生活課題の自覚的（主体的）把握を学習の中核にして，知識学習も自治活動も含めた教育過程を構成する実践であった。

「山びこ」実践は，いくつもの特別な状況と条件のもとに成立したものだが，その特殊性を超えて教育の本質を規定する重要な原則を見いだしていた人たちがいた。その人たちの視点を，現在の私たちの視野の広がりのもとで整理してみると，「教育の生活課題化的構成」という概念と思想がみえてくる。

例えば，宮坂哲文（1918-1965）は教育過程のそれぞれの実践領域が細分化され，その領域が内容と方法として制度化され，精緻化されるときに発生する危険について，60年代初めに「局部合理主義」という表現をもって強く批判し，警戒した（宮坂，1963a）。それは60年代にかけて次々に誕生した民間教育研究団体が，教育過程を構成する個々の機能や領域について綿密な分析をし，その限りでは理の通った教授・学習過程と生活指導過程の提案をしながら，視野をその各個別領域に限定して，教育過程全体と人間形成全体への視野を疎かにしてしまう傾向が生まれていたことに対する強い批判だった。そうした危険に対して，生活綴方が子どもの「目的的生活実践のなかでの現実直視」を方法的特質とするならば，その生活綴方を主柱とする学習・教育は，「局部合理主義」が陥る視野狭窄と，子どもと教師の生活主体性喪失を回避する。現実生活の課題に応える教育という基本的視点と広大な視野への絶えざる回帰を保持し，実生活という人間の基礎的生活過程を基盤とする子どもと教師の課題意識性，つまり主体性を支え成長させる。生活綴方の教育は，現実生活と「自己とのきびしい対決に子どもたちを追いこんでいく指導を，生活を綴るという子どもたちの主体的営為をとおして，おしすすめていく教師の仕事である」。「目的意識的な綴方行動と綴ることを中軸として生活認識と生活実践を統一的に発展させていく主体的努力は，生活綴方教育がかかげた人間像，教育目標と対応してい

56　第Ⅰ部　戦後教育と教育方法学

る」（宮坂，1963b，p.16以下）というように，宮坂は「山びこ」実践に連なっ
て，「教育の生活課題化的構成」の路線を歩もうとしていた。

❷　石田和男と恵那地域の教育実践
―「生活綴方の精神」をもって教育を立て直す―

　無着が50年代末には「山びこ」実践とその生活綴方から離脱したのに対して，
岐阜県の恵那で教師になった石田和男（1928-）は，今日に至るまで「生活綴
方の精神」をもって恵那地域の教育実践と運動をリードしてきた。石田が生活
綴方に目覚めたのは1949年9月の恵那での国分一太郎の講演によって寒川道夫
らの実践を知ってからだった。翌50年，石田らは「恵那綴方の会」を地域教
師のおよそ3分の1の参加をもって結成し，52年夏には第1回作文教育全国協
議会開催を引き受け，中津川市に全国から1300人の参加者が集まった[2]。

　恵那の生活綴方教育は多数の教師が参加する実践運動だったが，この時期の
一時的な盛り上がりに終ることなく，その精神は70年代・80年代以降も持続
した。その運動も1960年前後には，教科主義的偏向，生活指導における定型
集団づくり的偏向などに揺らぎなからも，恵那地域の民主主義教育実践の主柱
であり続けた。石田は一貫してその運動と教育実践と思想・理論を先導した。
恵那綴方の会は恵那教科研，さらに東濃民主教育研究会と発展的に組織を変え
ていくが，石田はその中心にいた。

　石田は，無着に1年遅れて戦後初期に地域の教師になった。二人は同世代の
新任教師として40年代末に，ともに生活綴方実践に夢中になる。無着は綴方
実践『山びこ学校』で一躍有名になったが，その後，教育界の教材研究・教科
指導偏重に歩をあわせるようにして，教育実践の「生活課題化的構成」から離
れていく。対して石田は，60年代においても，その後生活綴方を子どもたち
に書かせることが困難になっても，「生活綴方の精神」を教育実践の理念とし
て保持し，「生活課題化的構成」の路線を歩みつづける。

　恵那綴方の会を継承した恵那教科研は，1954年に準備会を発足させ，1959

4 戦後教育実践史における〈教育の生活課題化的構成〉の系譜　57

年に結成されるが，石田は教室実践からは離れて組合活動に専従していて[3]，教室に戻ったのは1965年であった。その間，経済発展優先の人的能力政策と，世間の受験学力獲得競争志向への同調傾向が国民・父母に浸透し，学校も教師もその傾向に抵抗することが急速に困難になった。後に石田は，この時期の恵那教科研が子ども把握と子どもの「生活の事実」の深さ・重さへの着目において不十分だったと，批判的に回顧する。「子どもの内面で統一的にとらえられている全生活としての現実の事実をもとにするということではなくて，教科指導と生活指導とのそれぞれの分野における部分的な事実の範囲を越えることができず，子どもを全体としてつかむことは困難でありました。」「子どもを丸ごとつかむ」とは「学習の面からだとか，生活の面からだとかいうのではなくて，(中略) 子どもの内面で統一的に実感されている本心を把握することを意味しています」(石田，1976 = 石田Ⅲ, p.193, p.195)。

　石田は，子どもが生きている現実生活における子どもの実感的主体的な生活把握への着目こそ，生活綴方の精神であるのに，教科と生活指導の枠内からの子ども把握になってしまっていたと批判した。石田は70年代半ばになってはじめて，60年代を反省的に回顧したのではない。すでに1964年12月の教職員組合恵那支部教育研究集会の基調報告において，教科指導（知育）と集団主義的生活指導（道徳教育）が別々に行われ，それから両者の統一，そういう実践と理論のあり方について，それは「人間を統一的に把握していない」方法であると強く批判した。そして教室での実践目標は，生活の中に放置されている「子どもの人間性，自主性を，教育として表現させ，組織する」ことだと明確にした（石田，1964 = 石田Ⅱ, pp.168-169）。

　1965年，石田は県教祖から中津川市立西小学校に復帰し，5年生の担任になる。その教室は無気力，無関心の空気に支配されていた。子どもたちは黒板の字を写すが，自分でノートを作ることができない。他方，テストになると一生懸命準備する。「これが実はそれ以前の到達度体制の一つのあらわれだったというふうに私は感じました」「子どもの生の生活を教室の中心に据え込まなけきゃこれは崩れようがない，(中略) 何とか人間の事実，子どもたちの生活の事実

58　第Ⅰ部　戦後教育と教育方法学

を教室の中心に据え込むような学級をつくらなんだら，人間の温かみのある教室なんかになりっこない」，そう考えて，生活の事実を教室に持ち込むために，綴方を書かせようとしたが，教科書にある作文風の文しか書けない。「観念的，概念的にしかとらえられんのです。(中略)二年間その子たちとつき合ったけど，最後まで綴方というものは書けなんだほど頭ががちがちでした」(石田，1991＝石田Ⅱ，p.303)と回顧している。

　生活綴方によって子どもたちが具体的生活を教室に持ち込むことの困難は，石田が受け持った学級だけの問題でも，到達度体制に組み込まれてきた西小学校だけの問題でもなかった。しかし，生活綴方を子どもが書くようになるまで待つわけにいかない。そこで，子どもたちが川柳や漫画では巧みに自分たちの思いを表現していることに着目し，生活の現実を感じたまま，見たままに自由に表現する子どもの個人新聞「私の新聞」を毎週一回つくらせ，掲示した。「生活の事実をとにかく教室の中心に据えてきて，こういうことがあった，あんなことがあったとみんなで交流したり，(中略)ときにはそんなことが中心になって学習の主題になることもあった」(石田，1991＝石田Ⅱ，p.302)。

　1966年，恵那教科研を発展的に解消し，恵那の教師の過半数を組織し，地域も拡大して，東濃民主教育研究会を発足させる。その第一回夏季研究集会での基調報告(1966年8月19日)で石田は，学校や教室に「生活の泥臭さというようなもの，生活に根づくようなものがなくなっている」それは「魂の交流のない教育」だと批判し，そして，学校の外に「教育という分野からは全然見放された形で存在している人間性というもの，それらを形づくっている子どもたちの生の生活というふうなものを，教育として教室や学校の中へ持ち込まなければならん」。「教室を生き生きとさせるものは，実際には子どもの人間性や自主性，もっといえば生活というもの，実際に教室の中を子どもたちの生活一色に塗りつぶして，子どもたちの生き生きした生活が教室の中心になるような学校というものをつくらなければならない」と述べた(石田，1966＝石田Ⅱ，p.195)。生活綴方によって，値打ちある人間とは何かが問われ，「そして，そういうものに向かって子どもたちが生活を切り拓きながら自分自身の人間を組

織していく。自分自身の人間の値打ちへ向かって子どもたちが組織していくという活動が教室の中で実際に展開されていく」（石田，1966＝石田Ⅱ，p.187）。

さらに，石田の実践的志向と視野は，自分の教室をかえることだけにとどまることなく，どの学校でも教室の中心に生活を据える教育を回復するために，「私の新聞」づくりや地域異年齢生活学校（豆学校）の試みなど，教育に生活を蘇らせるための「一点突破」実践を広げる運動を進めていった。

生活綴方を主導的方法とする教育は石田の目指すところだが，子どもたちに生活綴方を書かせなければどうにもならないとは考えない。子どもたちが自分の生活問題を自分の思いをもって表現すること，そしてその表現を土台としてそこから子どもたちが自分と生活を編み直していく，そういう子どもたちの主体的生活過程を営むことができるように，学校と学級の教育・学習を構成し，指導すること，それが石田の考える教育のあり方であった。生活綴方は日本の教育実践の伝統が生み出した優れた方法ではあるが，子どもの生活現実を教育の中心に据え込む一つの手段である。重要なのは生活綴方が実現し明らかにした教育の思想であり精神であった。しかし石田は，恵那においても全国的なその後の運動の中でも「生活綴方の教育の精神というものを（中略）十分明確にすることができなかった」という問題を感じていた（石田，1966＝石田Ⅱ，p.189）。

石田が生活綴方の形だけにこだわらずに，そのもっと根底にある生活綴方の方法・思想・精神を「生活綴方教育の精神」と意識的に呼称するようになったのは，60年代末以降のことであろう。

恵那の生活綴方実践の再興は，西小学校での努力の広がりから，月ごとの校内研究会で綴方の問題について何度か提案があがり，1971年2月に西小学校に生活綴方の研究会が実現する（石田，1991＝石田Ⅱ，p.321以下）。

丹羽徳子の生活綴方実践（丹羽，1982）は，思春期に入りかけた子どもにとっての内面生活の切実な課題を思い切って表現し，交流する学級を組織し，子どもたちの自分づくりの課題に応答する実践であり，恵那における生活綴方教育再興を示す一つの典型的実践だった。「綴る生活の組織化」そして生活表現

60　第Ⅰ部　戦後教育と教育方法学

実践は広がりにおいても，深さにおいても実現していった。

　石田は無着らとほとんど同時期に，同じように若くして，生活綴方教育に没入した。それは石田も，無着と同様に，科学主義・教科主義や方法主義的学級集団づくりの支配的風に晒されることになったことを意味している。しかし石田は，生活綴方教育の本質的精神を放棄せず[4]，子どもたちがその実生活（生きること）において自ら必要としている学びと自己編成と社会編成への志向を，学校・教室の生活の中核にすえて学習と教育と指導を編成すること，それが生活綴方教育の精神だと把握していた。「生活綴方教育」の概念もまた，新しい生活現実の直視によって砕かれ更新されたのである。石田の思想と実践は，子ども＝人間の生活の主体的編成を中核として，教育実践の生活課題化的構成を一層徹底するものだったのである[5]。

❸　高校女子生徒の生活現実に応答する吉田和子の実践

　吉田和子が都立商業高校に新任教師として就いたのは，60年代末である。そこで吉田は愛と性に戸惑い，家庭の困難に苦しむ女子生徒たちに出会う。またその中で生徒の一人に「先生の恋愛論は人間臭くないよ」と言われる。「以来私は，"恋"や"愛"について，他人のことばで論じることをしないようにつとめてきた。高校生たちの（中略）"愛"と"性"の世界が（中略）私の想像の及ばない世界であることが，ぼんやりと見えはじめてもいたからである」。

　教育の姿勢は転換されなければならなかった。例えば性交を経験した生徒の指導について「まず，高校生が経験した事実を，粗末に，あるいは断定的に扱うことなく，その事実そのものから深く学び，その苦悩を共に生きることのできる大人でありたい」（吉田，1983, p.181, p.184）と，吉田は教師としての立ち位置を定めた。教育の場では高校生の性の問題の現実の姿と課題は切り捨てられている。また性ばかりでなく，現実の生は切り刻まれ，抑え込まれている。

　吉田は1985年に都立の最困難校へ異動した。そこでの授業は，生徒と教師にとって共に苦役となっており，「学校知の伝達注入型授業の管理主義化のす

さまじさ」があった。「学校知の管理は評価権と結びつき，（中略）教科外領域における管理主義より抑圧性が高く，高校生の能動性を奪い，投げやりな生活スタイルを常態化させていた。授業不成立の原因を，"生徒が悪すぎる"で済ませ，（中略）大量赤点＝落第者を出すことで，授業成立をはかろうとすることの愚かしさに，さほどの疑問も抱かない同僚たち」の中にあって，吉田は授業で生徒たちに向き合った。吉田は担当科目「商業法規」での家族法の授業で，「感じたことと考えることの統一として，学びの共同的な関係性をつくりだす授業を模索」する。それは三重のマイノリティー（女・子ども・90％が高卒就職のノンエリート）である女子商業高校生の「声の回復をはかり，語る・聴くの多様な関係性を通して，学びの当事者性確立をはかる」授業であった（吉田，1997, p.108以下）。

　彼女たちの声を取り戻すために，グループの中でおしゃべりに位置を与え，表現し交流する楽しさを肯定する。自分を生きる授業は，自分の経験を日常生活の言葉で語れる授業空間でこそ，可能になる（吉田，1997, p.11）。その条件のもとで，自分の生活から目を逸らさずに，生活への積極的な関心が育つ。自分を生きる授業は，いま生きている，これから生きていく「生活の場」にどういう問題があるか，その問題を考え，解決の方向を自ら探り出すことのできる授業である。自分たちの生活問題を見つめ，生活を築いていこうとする知的探究心をもち，自分を学びの当事者にする授業づくりである（吉田，1997, p.110）。三重のマイノリティとしての女子生徒に学びの当事者性を約束する授業は，既成の学校知の強制とは両立しない。それは近代学校と衝突し，現代学校教育への展望を開く。

　吉田の授業実践を概括すれば，①学校知による授業管理主義に対抗して，生徒自身の生活問題から学習課題を生徒が設定する生活問題探究学習の指導であり，②生徒の日常的表現であるおしゃべりを土台として肯定し，調査・表現・交流・討論の学習過程の楽しさを重視する，生活肯定・自己肯定の方法であり，③自己肯定の土台（主体）のうえに，生徒自らが家族・人間・社会関係批判とその新関係創造の力を育てる指導である。吉田の授業実践においては，その学

習内容と方法は商業高校女子生徒の生活課題をもって貫かれ，生徒たちは生活と学習の当事者として登場する。それは授業の生活課題化的構成であり，それをもってはじめて，女子高校生の授業が成立したことを示している。

❹ 子どもの安心という課題に応える綴方実践
―なにわ作文の会と土佐いく子―

なにわ作文の会（以下「なに作会」）編『ぼくも書きたいことあるねん：どっこい生きてるなにわの子』（2010）は，大阪の綴方・作文教育実践記録集である。収録されている実践の場は小中高そして支援学級と，いろいろだが，それら作文教育実践では「書きたいことを書きたいだけ書きたいように，自分の言葉で書く」という原則が大事にされている。なに作会のリーダーの一人である土佐いく子は，「子どもたちの表現したいという人間としての要求を受け止め，どの子もが書くことが好きになる作文教育でありたい」（なに作会=土佐，2010, p.221)[6] と述べている。そして綴方教育が国語の表現技術指導に傾くことを戒めて，表現技術の添削ではなく「書いた子のくらしと心に寄り添って，そこに共感する読みを大切にしてきました」（なに作会=土佐，2010, p.221）とも述べている。

〈書きたいことを書きたいように自分の言葉で書く〉という原則は，いくつかの実践的工夫によって支えられている。

①何よりも子どもたちの表現意欲の高まりを丁寧に育てている。文字がまだ書けない子，文字を書くことが苦手な子にも，表現の自由と楽しさと喜びを細かく支援する。字が書けなくても話すことや絵を描くことができる。「書かせることを焦らさない，いっぱい語らせて，それをしっかり受け止めてやる，まず表現したい気持ちを十分熟成させること」（なに作会=川口，2010, p.13）を大事にする。

②学級通信などに載せて，みんなで読み合う。学級で読み合うのは他の学級の子どもの詩や綴方でもいい，学級の友だちの語りを教師が書き留めた口頭作

文でもいい。「誰にでもある失敗を教室で読み合うと，みんなほっとします。子どもの作文では，あるべき姿でなく，ありのままの姿を読みたいと思います」（なに作会＝川口，2010, p.12）。作文を読み合う時間はゆったり和やかな雰囲気に包まれる。通信や一枚文集に載る作文には，子どもの真実の生活が表現されている。

③教師も親も子どもたちの作文を通して，子どもへの共感と理解に近づく。子どもの自由な作文の中に，子どもも教師も安心と喜びを再発見する。その安心と喜びが，子どもと教師をエンパワーする。「自分の書きたいことを書きたいように書きたいだけ，自分の言葉で自由に書いた綴方だからこそ，子どもの真実が見える」（なに作会＝土佐，2016, p.4）。教師の共感が子どもに伝われば，子どもはまた表現したいと思うようになる。

④作文の読み合いがあれば，子ども同士の間にも，子と親の間にも，理解と共感が生まれる。「親もまた子どもの作文の中に子ども発見をし，元気をもらいます。そして学校が好きになり，友だちと楽しく遊び，学ぶことに意欲を見せる我が子の成長を真ん中に，親と教師の間に共同と信頼が生まれる」（なに作会＝土佐，2010, p.6）。そのようにして綴方・作文という表現とその読み合いを通して，子どもたちは安心の関係を自分たちのものにする。

安心を求めているのは，子どもだけではない。いま，学生も大人も自分を安心して表現でき，受けとめられる関係を求めている。土佐は2008年に小学校教師退職後，大学の教職課程の授業を受け持つようになり，その授業の中でも毎回，子どもの詩や綴方を読むことにした。「そうすると学生たちはいつの間にか私の話も聴いてもらいたいと思うのでしょうか。次々と作文や手紙を書いてくるのです。読んでもいいというものを『講義通信』に載せてみんなで読み合う。（中略）すると大きな教室の中に，共感の空気が流れ，学生たちがつながり始め，集団が動き出す」。「どの子もどの学生も，いえ大人も自分を安心して表現でき，それを受け止めてくれる人を求めている」（なに作会＝土佐，2010, p.220）。

「安心」の場と関係の必要は，人間の生存にとって根本的・普遍的なものだが，

64 第Ⅰ部 戦後教育と教育方法学

その必要を満たしていた既存の社会システムが個人の生活圏において崩壊して，現代の子ども・若者にとって切実な基礎的生活課題として意識されるものになっているということである。なにわ作文の会の中においても，表現の自由と安心づくりの生活綴方教育の原則が，隅々に貫徹し，思想として徹底しているわけではない。この原則を詳細な教育技術として完成させようとしている優れた実践も掲載されているが，土佐は明らかにその実践記録を念頭に置きながら，「最近目に触れる実践が，書かせる技術指導優先になっていないだろうかと気になっています。（中略）もちろん私達も，国語の時間に主語や述語と言って文のお稽古もするけど。私達は，お話を聞いたり作文を読んであげたりして，言語感覚を豊かにし，いろいろな体験を言葉でつなぐ仕事をして，作文を書かせているよね」（なに作会，2010, p.202）と作品研究討論の中で，自分たちの原則を再確認している[7]。

〈書きたいことを書きたいように自分の言葉で書く〉と〈仲間と読み合う〉とを両翼とする安心づくりの生活綴方教育は，綴方・作文教育の新しいステージを示していると思う。1960年代以後の生活綴方教育実践・論史の中に位置を与え，検討する必要がある。

❺ 「教育の生活課題化的構成」の位置

許された紙数が尽きたので，以下箇条書きにする。

①「教育の生活課題化的構成」は生活教育の一つであり，子どもの具体現実生活の主観的主体的課題化を中核にして，教育・学習が構成される。日本生活教育連盟など，他の生活教育論との異同が詳細に検討される必要がある。ポイントは子どもの主観的主体的生活把握の位置づけにある。

②近代教育思想の構成原理は社会的客観的（正統的）文化と普遍的自然的発達可能態としての子どもの合一，いわば「教育の社会的文化的発達的構成」である。それは正統文化と普遍的発達から逸脱する社会的「弱者」「不適応者」をつくり出す。対して「教育の生活課題化的構成」は近代教育構成原理の歴史

4 戦後教育実践史における〈教育の生活課題化的構成〉の系譜 65

的弱点を批判的に超える可能性をもつ[8]。

③「生活」とは具体的な子どもの生存と生命活動と人生を表し，生産・仕事と関係・つながりの具体的現実的な生命活動を意味する。

④「生活課題化的構成」においては，子どもの主観的主体的生活課題把握の自由な表現と交流に，教育・学習方法の主導的位置を与える。教育における表現と発表・交流の歴史の中に位置づけられる必要がある。

⑤近代教育構成原理は，教科指導と生活指導，各教科，道徳教育など，教育過程を機能的あるいは領域的に分節化し，その結果の統合として人間・人格の形成を想定した。子どもの主体的全体的な人間・人格形成過程の指導である「教育の生活課題化的構成」の思想・理論は，教育・学習の分節化への対応原則を明示する必要がある。それは，学校教育あるいは公教育における，既成文化の継承のあり方について，新たな問いに取り組むことである。

＜注＞

1) 奥平（2016）において「山びこ」実践の精神の継承し発展させた思想として取り上げたのは，宮坂哲文，勝田守一，大田堯，鶴見俊輔，上原専祿，鶴見和子である。勝田や宮坂が形式的にも実質的にも教育科学研究会や全国生活指導研究協議会のリーダーであったことは興味深い。

2) 中津川全国集会を引き受けることになった経緯については石田の回顧がある（「自分史的地域把握7　地域のなかで日本をみる」石田Ⅰ, p.313）。

3) 恵那教組で石田が主導した「運動方針の転換」（1957）や「恵那教育会議」などの画期的成果については，佐貫浩（2017，石田Ⅱ所収）参照。

4) 石田は1957年度から64年度まで組合専従となり教室実践を離れるが，その間，科学主義・教科主義に対し，具体的にどのように考え対応していたかは明らかではない。

5) 石田和男教育著作集各巻には，編集委員会各委員のすぐれた解説論文がある。

6) 「なに作会＝土佐」は，なにわ作文の会編の本書の土佐執筆担当部分であることを示す。以下同じ。

7) この安心づくりの生活綴方教育の原則の，土佐となにわ作文の会での定着時期，また日本作文の会での位置づけと評価が問われる。土佐（2005）ではまだ，安心の関係から表現意欲への段階的指導が語られ，なに作会＝土佐（2010）で明確な指導原則は，徹底していないようにみえる。

66　第Ⅰ部　戦後教育と教育方法学

8）沖縄八重山学びのゆいまーる研究会 村上呂里ほか編著（2018）『学びとケアをつなぐ教育実践』明石書店には，ケアの視点をもって授業を再構成する先進的実践と理論の報告がある。

＜引用文献一覧＞

石田和男著・石田和男教育著作集編集委員会編（2017）『石田和男教育著作集（全4巻）』花伝社．各巻からの本文中での引用は，石田Ⅰ-Ⅳと記す．

・石田和男（1964）「教育正常化に反対する教育」，『石田著作集Ⅱ』所収．

・石田和男（1966）「当地域における戦後の民主教育運動と現代の課題」，『石田著作集Ⅱ』所収．

・石田和男（1976）「戦後の教育をふりかえり民主教育の原点をさぐる」，『石田著作集Ⅲ』所収．

・石田和男（1991）「恵那教科研から東濃民教研への歩みと西小学校づくり」，『石田著作集Ⅱ』所収．

・奥平康照（2016）『「山びこ学校」のゆくえ：戦後日本の教育思想を見直す』学術出版会．

・奥平康照（2017）「教育の生活課題化的構成：書評への一つの応答」，『日本教育史研究』36，pp.188-194，日本教育史研究会．

・佐貫浩（2017）「勤評反対闘争と石田和男の教育認識，民主主義観の発展」，『石田著作集Ⅲ』所収．

・土佐いく子（2005）『子どもたちに表現のよろこびと生きる希望を』日本機関紙出版センター．

・なにわ作文の会編（2010）『ぼくも書きたいことあるねん：どっこい生きてるなにわの子』本の泉社．

・なにわ作文の会編（2016）『教室でいっしょに読みたい綴方』フォーラムＡ．

・丹羽徳子（1982）『明日に向って（上・下）』草土文化社．

・宮坂哲文（1963a）「生活指導と生活綴方」，日本作文の会編『講座生活綴方　第5巻』百合出版．

・宮坂哲文（1963b）『集団主義と生活綴方』明治図書．

・吉田和子（1983）『愛は教えられるか：高校生の「愛と性」を生きる』高校生文化研究会．

・吉田和子（1997）『フェミニズム教育実践の創造：＜家族＞への自由』青木書店．

Ⅱ

教育実践研究におけるエビデンスとは何か

1　教育実践研究における「事実」とは何か

2　授業研究におけるエビデンスのつくり方
　　　―国際交流の視点から―

3　教育評価のエビデンスとしての実践記録
　　　―近代自然科学的証拠と体験反省的明証性の間で―

4　特別支援教育の実践研究とエビデンス論

5　教育方法学は教育実践をどのように語るのか
　　　―詩的・物語様態の定性的データに基づく省察と叙述の可能性―

68　第Ⅱ部　教育実践研究におけるエビデンスとは何か

1　教育実践研究における「事実」とは何か

東京大学　**藤江　康彦**

❶　はじめに

　教育実践研究とは教育実践を対象とした研究の総称である。教育実践が行われている場に入り込み，場における人々の活動の資源を収集し分析を行う。教育方法学においては，いずれの場合においても，子どもや授業の「事実」に基づいて取り組むことが暗黙的にも明示的にも前提となっている。では「事実」とはなにか。

　近年，質的研究法の興隆は教育方法学研究にも影響を与えている。とりわけ教育実践を対象とした研究は，もとより質的研究法が対象とする，特定の文脈における当事者の発話や行為，活動に対し，自然な状態で当事者による意味づけを探究するものであった。質的研究法との接触により「方法」が自覚化され，対象の選定，調査，分析手法，記述，の過程において研究としての厳密性が求められるようになっている。このような動きのなかで，教育方法学研究において重視されてきた「事実」概念をどのようにとらえ，再定位していくか，検討する必要があるだろう。

　本稿においては，教育方法学研究における「事実」の扱いを参照することを足がかりとし，教育実践研究における「事実」をどのように考えるか，論点を提出し，具体的な事例にみる「事実」の特徴について検討したい。

❷　「事実」をめぐる言説

　「事実」はどのように説明されるか。我が国の教育実践研究において「事実」

が重視されているのは，授業記録を用いた授業研究の伝統と無関係ではないだろう。砂沢（1963）は「授業記録」の必要性について論じるなかで，「教師が実践を検討するためには実践を事実としてとらえ，自分からつき離してみなければならない」（砂沢，1963，p.15）と述べる。砂沢は，「教授・学習過程」の内実を「事実」とし「事実を事実として一般化し，長く保存して検証することに耐え」（砂沢，1963，p.15）うるものとするための「事実の記述分析」（砂沢，1963，p.15）の必要性を主張する。「事実」は，教室という場における現象そのものではなく，授業者や参観者といった特定の個人から相対化された記録を指すことばとして用いられている。

　また，平野（1994）は「授業をするにあたって，（中略）当為や（中略）思い込みから脱して，虚心坦懐になってまず子どもの事実を見て，そこからその子どもの一層の成長を考えていくことができないだろうか」（平野，1994，p.28）と述べる。「事実」についての明確な定義はないが，「当為や思い込みから脱して虚心坦懐になる」ことでみえるものであるといってよいであろう。その際の前提として，子ども自身が自分に素直になって「本当の自分」の状態でなくてはならないと平野は述べる。そのうえで，「より客観的に子どもの事実をとらえ」（平野，1994，p.34）る「外からの理解」，そして，その人になったつもりで行う「共感的理解」（平野，1994，p.38）としての「内からの理解」によって子どもの事実をとらえていくのである。平野は「内からの理解」をより重視している。このような平野の子ども理解のあり方は，学習経験の当事者性やそれゆえの個別性を「事実」に含意させているといってよいだろう。

　さらに，鹿毛（2017）は研究授業において「子どもたちの学びや体験を意識しつつ授業で生起している事実をとらえようとする誠実な姿勢」（鹿毛，2017，p.13）が求められているとしたうえで，「（前略）『リアリズム』に基づいて，子どもたちがその時に何をしたのか，どういう表情をしたのか，何を書いたのかといった一挙手一投足を学びの姿事実として把握しようとする態度」（鹿毛，2017，p.14）の共有を訴える。鹿毛における「事実」は子どもの「一挙手一投足」つまり観察可能なすべての行為を指しているといってよいだろう。その意味で，

鹿毛は再現性や写実性を重視しているといえる。同時に鹿毛は「授業の中に起こっている『事実の把握』と『自分自身の解釈』とを峻別しようとする態度」（鹿毛，2017，p.14）の重要性を指摘する。「事実」とは観察者からは独立して存在するものとして位置づけられている。さらに鹿毛ら（2016）は，上記の理念のもとで参与した学校における校内研究を事例とし協議会における談話分析から「当事者性」「エピソード性」「再現性」「ストーリー性」，「当該授業者への言及」の次元において，他校に比べて優位な差がみられたという（鹿毛・藤本・大島，2016）。とりわけ「事実」の性質に関していえばエピソード性，ストーリー性もあげることができるだろう。

　このように，「事実」をめぐっては，その性質として教師の主体性確立の契機，客観性，当事者性，個別性，写実性，再現性，エピソード性，ストーリー性について言及がなされている。ほとんどが，質的にとらえるべき性質であることが明確である。では，質的にとらえることが求められる「事実」とはどのようなものか。

❸　事実と解釈

　ここで一つの事例を示したい。言語学者である古川（2001）は，日本語教室でのフィールドワークにおいて，自身が撮影した映像を生徒や教師の日本人ボランティアとともに視聴していた。事例となるのは，映像記録に映った生徒である一人の外国人が，立ち上がってみんなにお茶を入れてくるシーンである。生徒の行為を指して，教師は「突然立ち上がって行ってしまったので困惑」（古川，2001，p.181）したと語った。「勉強に飽きてしまったのかと思った」（古川，2001，p.181）というのである。生徒のほうは，教師が疲れた様子だったのでお茶を入れてあげたかった，つまり，教師を気遣った行動であったという。教師は，生徒の行為は自分に対する否定的な評価であると思ったが，それは誤解だった。当事者間でそういう話ができあがっていった。それに対し古川は波風の立たない話に収斂したに過ぎないように感じ，実際にその日のフィールドノ

ーツにはそう記載したという。突然立ち上がった生徒は，その行動によって教師にある種のサインを送ろうとしているようにも感じたからである。

　後日その生徒にあらためてたずねたところ，以前語ったとおりであるとの答えであった。その際に古川は〈本当は，事実はどうだったのか〉ということに，なぜ自分は拘泥するのか，という疑問がわいたという。古川によれば自分の視線は〈事実はあのときに創り上げられた話とは違う〉という思い込みに基づいてつくられていたが，そのような視線は〈事実〉の総体が決してみえない以上，無益な視線ではないかと思い至る。

　この事例からは，次のことが示唆される。すなわち，一つには，ビデオカメラによって採取された情報は客観的にたしかに存在したという点では「事実」であるが，その意味づけは一義的には決まらないということである。その場で相互作用をしていた当事者にとっての意味と観察者である古川にとっての意味は少なくとも一致してはいなかった。二つには，当事者間でも「事実」は輻輳しているという点である。レッスン中に生徒が立ち上がりそれに戸惑ったという教師にとっての「事実」はレッスン当日のものである。しかし後日ビデオ映像を視聴しながら語られたのは生徒からボランティアへの気遣いという「事実」である。戸惑いという教師側の「事実」と気遣いという生徒側の「事実」がある。また，生徒にとっての「事実」も当日と後日とで異なっている可能性もある。当日は本当に自分が疲れていたり飽きてしまって立ち上がったのかもしれないが，後日にはそれが教師にお茶を入れるために立ち上がったと語られたのかもしれない。三つには，「事実」は選択されうるという点である。輻輳していた「事実」は，ともに映像を視聴しその意味について吟味するなかで当事者たちの間では後者，すなわち「気遣い」というヴァージョンに定まっていった。その選択の基準は，古川の実感によれば「ハッピーエンド」（古川，2001，p.181），「利害が一致している」（古川，2001，p181）といったもののようである。古川にとってそれは「事実」と異なるという疑念を抱かせるものであったが当事者にとってはそのような疑問は抱かれなかった。

　以上のように，映像記録が残っているときですら，「事実」は映像のなかで

72　第Ⅱ部　教育実践研究におけるエビデンスとは何か

はなくそれを視聴する人々の側にあることがわかる。そうであるならば，そもそも事実と解釈とはどのような関係にあるのか。

　教育実践研究において「事実と解釈とを分ける」ことはしばしば指摘される。「事実」を他者と共有するための工夫は必要であるし，実際に起こりえないことを「事実」とすることは倫理的に問題である。しかし，先にみたように教育実践研究における「事実」は質的にとらえなければ見いだせないような性質を有する。質的にとらえるのであればそれは解釈の産物である。だとすれば，教育実践研究における「事実」とは観察者，参観者の解釈によって生成されるものであるといってよいだろう。もとより，質的研究においては，観察者と実践世界とは非独立である。客観というものが観察者から独立して存在するとみなす「素朴実在論」（やまだ，2004，p.11）には立たず，実践の「事実」や意味は，観察者が現場に立ちあい，相互作用的に構築されるとみなされる。例えば，騒然とした教室は，子どもが活発に活動しているとも，授業の崩壊であるとも，学級内の規範共有に向けた交渉であるとも捉えられうるが，いずれの意味が生成されるかは，一律に決まるわけではなく，実践世界に埋もれ，学級の文化や個人の行為の特徴を理解してこそ可能となる。その理解は，当事者との明示的暗黙的な相互作用のうえで，可能となるのである。

❹　「事実」の生成

　以下では，書籍として刊行された教師による実践記録と，その実践に参加した子どもが成人後に研究者によって行われたインタビュー調査において，その実践を振り返って語った経験とを照合させながら，教育実践研究における事実の生成のあり方について検討していきたい。なお，当事者による実践記録の取り扱いについては，その記述内容にバイアスがかかり信頼性が十分に保障されないというリスクもある。書籍であるがゆえに記されない「事実」もあるだろう。しかし，ここで扱う実践記録は雑誌への掲載を経てまとめられたものであること，上述のようにリスクがあっても当事者にとっての「事実」ではあるこ

と，もう一方の当事者である子どもの側の語りと突合させることが目的であること，という点から参照している。

東京都の元小学校教師である鳥山敏子は「生と性と死の授業」の取り組みの一環として，「にわとりを殺して食べる」授業を行い，その実践記録を書籍として刊行している（鳥山，1985）。それによれば，その授業は1980年10月下旬の晴れた日曜日に行われた。その日，東京都内の小学4年である鳥山学級の子どもたちは，教師や母親，きょうだい，授業の支援者からなる総勢90名以上で東京郊外に向かう。まずは田んぼで6月に田植えした稲を刈った。2時間ほど過ごしたあと，田んぼから歩いて20分ほどの多摩川の河川敷にむかう。そこで「にわとり狩り」が行われるのだ。子どもたちは着替えの服とお椀，箸を持ってきているが，弁当と水筒は持ってきてはいけないことになっていた。

到着すると，子どもたちは着替えて川で水遊びをする。鳥山は「ビルの谷間が遊び場になっている子どもたちなのだ。いまは，にわとり狩りの準備をするよりも，少しでも川で遊ばせてやりたい」（鳥山，1985，p.11）と思い，「にわとり狩り」の準備は大人たちの手で行うことにしたとしている。

そして教師の「おおい，集まれ！にわとり狩りだよ」の声で子どもたちは集合する。そして，農家でもらい段ボール箱に入れられ運ばれたニワトリが放たれる。こわごわ追いかける子どももいれば捕まえて抱きかかえる子どももいた。「絶対，殺したくないといって抱きかかえ，火から遠ざかっていく女の子たちをみて，男の子が追いかけていく。男の子だって，殺すのはいやなのだが，女の子のてまえもあってか，あまり態度にださない」（鳥山，1985，p.12）と鳥山はその様子を記述している。支援者によってニワトリを殺して血を抜き，熱湯をくぐらせてから毛をむしり，部位別に切り分けられるという工程が示される。すると「わずかずつ子どもたちのからだに変化がみられる」（鳥山，1985，pp.13-14）。すなわち，「竹ぐしをもって行列ができたのだ。（中略）朝からなにも食べていないし，なにも飲んでいないのだ。（中略）かわいそうだと思っていた気持ちより空腹が勝ったのだ」（鳥山，1985，p.14）。このように，鳥山は子どもたちの姿をとらえる。何名かの男児たちが自らニワトリを殺し料理し

始め，女児たちも続いた。しかし，「どうにもそれをみたくないといって逃げ，一羽のにわとりを抱いて，泣きつづける女の子たちもいた」（鳥山，1985，p.14）。しかし，鳥山はそのにわとりをとりあげ子どもたちの前で自ら殺してみせる。そのときの自身の経験について鳥山は「子どもたちの泣き声をはねのけるようにして，わたしは包丁を手にした。いまのいままで子どもたちの胸に抱かれて生きていたにわとり。そのぬくもりがわたしの心にも痛い。でも，わたしの手はそういう思いを断ち切った」（鳥山，1985，p.14）と記す。

　書籍には当日の状況の記述に続き，何名かの子どもによる作文が掲載されている。作文には，最後までニワトリを抱きかかえて放さなかったのは，Ａという女児（本文中では実名表記）であること，ニワトリを殺すことの残酷さを糾弾しつつも食べてしまったことへの葛藤，捕まえることはできなかったが殺す役割を担ったことなどが記されている。

　この鳥山の実践について，教育学者の村井淳志は，もう一方の当事者である子ども側への聴きとりを通して，この実践の意味について検討している（村井，2001）。村井は，当時の鳥山学級の子どもたちが29歳になる1999年に調査を行った。当時小学4年生だった子どもたちはすでにさまざまな立場で活動していた。以下では，村井（2001）による鳥山学級の子どもたちの29歳時点での語りをもとに教育実践における「事実」について検討していく。とりわけ，鳥山と子どもという（1）当事者間における「事実」の異なり，（2）当事者間における事実の優先性，（3）研究者の解釈による「事実」の創出の三点から考えていく。

（1）　当事者間における「事実」の異なり

　インタビューを受けた人たちのなかには，「にわとり狩り」について知らなかったという語りがあった。「（前略）遠足気分で，ただ遊んでいたら，突然ニワトリが出てきたんです。（中略）すぐに殺したんじゃなくて，ニワトリとコミュニケーションをとる時間がたっぷりとあったんです。それでみんな仲良くなっちゃって。（中略）そしたら先生から招集がかかって『これから殺すから』って言うから『エーッ！　そういうことだったのか！』って（後略）」（村井，

2001, pp.66-67)。この語りにおける鳥山の「これから殺すから」という発話は，最後の一羽を鳥山自身が殺した際の発話であるようである。そうすると，鳥山が「にわとり狩り」と意味づけた活動は子どもにとっては「ニワトリとの交流」と意味づけられていた可能性がある。そのような意味づけの違いが「事実」を異なるものとするのだ。ただ，その意味づけの違いは次のような理由で生じている。一つには，状況の見えの違いである。実践の全体像がわかっている教師にとっての状況の見えと，教師がデザインした活動に一参加者として参加していた子どもたちにとっては，ニワトリを殺すことが事前に告知されていたとしてもその活動全体のデザインが把握できていなければ，突然に到来するものでしかない。二つには，偶発性である。段ボールに詰められていたニワトリは，河原に放たれたあとも動きが悪く，子どもたちにとって捕まえるのは容易であった。つまり，狩る対象ではなくともに時間を過ごす愛玩の対象となってしまったのである。三つには，記憶の問題である。鳥山による記録は実践直後のものであるが，子ども側への聴きとりは19年後に行われている。直接間接にニワトリを殺し，その場面を観察したことの記憶が強く保持され，その前後の記憶は正しく保持されていないか検索，再生されていない可能性もある。もちろん，活動への意味づけの違いは一部の語り手にのみみられたのであれば，その語り手の経験の固有性によることも考えられる。

(2) 当事者間における「事実」の優先性

女性のなかには，嫌悪感やショックというよりも，ある種の同調圧力によって泣きじゃくりニワトリ殺しを拒絶したという語りもあった。「女の子たちのなかでそう言わなくちゃいけないような雰囲気があったんですね。だから殺すこと自体に嫌悪感があったというより，それを率先してやったらまわりの女の子たちから『○○ちゃんはひどい，よくそんなことが平気でできるね』と言われるっていう気持ちがあったんじゃないかと思うんです（後略）」（村井，2001，p.68）。実際にほかの女性の語りでは「（前略）女の子がみんな泣いているから，私も泣かなくちゃという気持ちだった（中略）。怖くはなかったですね。鶏肉も食べました。でもクラスに帰ったあとで（中略）中傷されたような記憶があ

76 第Ⅱ部 教育実践研究におけるエビデンスとは何か

ります」（村井，2001，p.69）と，食べたことで実際に攻撃の対象となったことが語られている。そういった状況を，転入生でもあったある女性は冷静に観察して，「あの雰囲気にはちょっと入っていけない」（村井，2001，p.70）と感じたと語る。そして，男児に「おまえだけ泣いてないな」（村井，2001，p.70）と指摘されたという。

　以上で語られていることは，鳥山による著書には記されていない。つまり，子どもたちにとっての「事実」であるが教師にとっての「事実」ではないということができる。この事例からは次のことが示唆される。

　一つには，「事実」には優先性があるということである。先に見た「ニワトリ狩り」開始時の「事実」とは異なり，「ニワトリを殺す」ことをめぐって，教師と子どもはそれぞれ同じ「事実」について異なる意味づけをしているわけではない。むしろ，「ニワトリを殺す」という状況を共有しながらも別々の「事実」をみている，といえるだろう。教師にとっての授業の文脈と子どもにとっての授業の文脈は異なっており，教師が記述する「事実」の俎上には上がらない子どもにとっての「事実」も教育実践にはある。実践へのアクセスにおける教師と子どもの間の格差が「事実」についてのずれを生じさせることは先述したが，それは必ずしも教師のほうが優位であるわけではない。子どもも学習実践をしている（石黒，2016）のであるとすれば，子どものほうが学習実践へのアクセスにおいて優位である局面もあるだろう。関係性の編み目のなかで学習が営まれるのだとすれば，子どもの実践は教師の想像を超えて関係性の制約を受けるし，その「事実」のほうが教師の持ち込む教材に優先されることは十分にありうる。

　二つには，「事実」の優先性は任意に決められうるということである。鳥山は学級担任であり，女児たちが泣いて拒絶した理由が，学級内での人間関係に関連していること，つまり学級内での人間関係やそのことが女児たちの参加構造に制約を与えていると解釈していた可能性は十分にある。しかしそのことについては少なくとも当日の活動の記述においては直接明示していない。そのことはあえて記録には載せず，子どもたちがニワトリとどう対峙したかに焦点化

して記述していたのかもしれない。

　三つには，村井（2001）における語りは，実践から20年近く経過してからのものであることを前提に考えれば，実践当時の経験とその後の語りとの間にズレがあることは当然である。いかなるインタビューも即時的にではなく事後的に行われる。その間に経験の整理や実践の相対化，細部の忘却などが生じ，そのことが「事実」に複数のバリエーションをもたせることになる。それらをどのように組み合わせ，実践を再構成するのかは実践研究を進める上で考慮すべき点であろう。文脈によって優先して対処する課題は異なるし，一方の課題が他方の課題と連関している可能性もある。そういった課題の構造全体は鳥山にはみえており，どちらが「事実」であるのかはその中でどこを切り出して事例として示すかの問題であるといえるだろう。

（3）　研究者の解釈による事実の創出

　村井自身は，聴きとりを進めながら，鳥山学級の子どもたちの関係性やとりわけＡをめぐってある仮説を立てたと述べる（村井，2001，pp.83-84）。それは学級内での複雑な人間関係や残虐ないじめの実態，鳥山がそれとどう格闘したかという点についてのものである。

　鳥山は，ニワトリを殺す授業の背景にある「ひとりひとりの子どもたちの立っている現実」（鳥山，1985，p.40）として，主にＡについて言及している。Ａは，夜遅くまで働く母親とふたりで暮らしていた。同じ学級の子どもに対してものを与える，脅す，暴力を加える，悪口を言うといったＡの行為は，他児を不登校にさえ陥らせた。こういった行為について鳥山は，「さびしさ，いつもひとりぼっちでいることの不安の解消のしかた」（鳥山，1985，p.42）としてとらえ「友だちを失う方向にしか進行しなかった」（鳥山，1985，p.42）と評価している。友だち作りのために一生懸命やることが裏目に出たり，相手を威圧することばや態度として表出されてしまったりするＡに対して鳥山は，「強がりでつくった友だちを捨てよう。まずこういうときは，じたばたしないで，ひとりぼっちになろう」（鳥山，1985，p.43）と呼びかける。

　村井は，聴きとりのなかで鳥山学級のいじめについても語りを引き出してい

78　第Ⅱ部　教育実践研究におけるエビデンスとは何か

る。村井はそれらの語りを元に，この授業の第三のテーマはいじめの加害者で
もあるＡへのメッセージ，つまり加害者への心のケアではないか，と仮説を立
てる（村井，2001，p.96）。村井がとりわけ関心を寄せているのは鳥山による
次の記述である。すなわち「小鳥や犬や猫をペットとしてかわいがったり，す
ぐ『かわいそう』を口にして，すぐ涙を流す子どもたちが，他人が殺したもの
なら平気で食べ，食べきれないといって平気で食べ物を捨てるということが，
わたしには納得がいかないのだ。自分の身内のようにペットをかわいがる子ど
もたちをみて，心の豊かな子であるというふうにかんたんに見てしまう大人た
ちの風潮にも腹がたつ。自分のなかの何か満たされないもの，飢餓感，孤独感
が，ペットへの密着を強くしている場合もあるのだ」（鳥山，1985，p.16）と
いう箇所において言及されているのがまさにＡについてではないのかという推
測である。この推測は，「にわとり狩り」当日，最後の一羽となった22羽目は
Ａが最後まで手放さなかった個体であり，それを鳥山が自ら殺し，子どもたち
にその場面を直視するよう求めた（鳥山，1985，p.14），という記述とも関連
づけられる。そしてこの推測は，インタビューにおいて明らかとなったＡの当
日の様子についてのある男性の語りを傍証としてさらに検証される。すなわち，
Ａはニワトリをすごくかわいがっており，ニワトリを殺す段になっても「もっ
ていかないで！殺さないで！」となかなか離そうとしなかった。特に当日はＡ
は感情の波が激しかった，というのである（村井，2001，p.99）。しかし，結
局はＡ本人へのインタビューはかなわず，仮説は仮説のままで保持されること
となった。

　このように，「事実」は当事者の側にのみあるわけではない。直接間接に実
践に接する第三者の側にも「事実」はある。教育実践についてのなんらかの解
釈システムがあり，だからこそ，当該の活動を教育実践であると意味づけ，そ
れ以外の活動と識別することができるのである。ここで村井が示している仮説
は村井における解釈システムによるものであり，いくつかの記述やエピソード
を結び，生成させている。その意味では村井にとっての「事実」でもある。そ
の「事実」がほかの研究者からも支持されうるのだとすれば，それが鳥山学級

の子どもたちの当時の状況と，子どもたちの20年後の語りに照らして，確かにそのように解釈しうるとみなされるだけの説得力を有しているためであるといえるだろう。さらに，教師，あるいは子どもといった当事者にとっての「事実」は本来的には交流され得ない。なぜなら，それぞれはきわめて主観的な経験だからである。双方にとっての事実を参照しつつそれらをつなぎ合わせて事実を構造化しうることも研究者には可能である。その可能性を村井の仮説は示している。

❺ おわりに

　教育実践研究における「事実」とはなにかを検討してきた。教育実践研究における「事実」は，調査者と実践との関係のあり方や問いの立て方によって，複数のヴァージョンが存在しうる。同じ授業を観察しても，その学級の担任教師にとっての「事実」と，週に一度調査に訪れる調査者にとっての「事実」とは異なる。しかしその異なりが実践の姿をより豊かで精緻に描くことを可能にし，教育実践の多様な可能性を拓くことにつながる。他方で，「事実」はきわめて不安定なものであるともいえる。とりわけ当事者間，当事者と観察者間での「事実」の多様なあり方のもとでは間主観性が成り立ちにくい。また当事者内でも時間の経過に伴って「事実」のあり方は変容する。それゆえ，時間を超えた一貫性を保障するために，我々は実践における「事実」を実践記録やトランスクリプトとして文字化し，教育実践についての協議や評価の共通の基盤を創る。

　教育実践研究における「事実」はまた，複数のヴァージョンが存在しうるがゆえに，実践の価値づけを多様にする。他方で，多様な価値づけのうち特定の価値のみが取りあげられることで，ある特定の実践やさらにその一局面が過剰に価値づけられることとなり，「エビデンス」として政治的に用いられる可能性があることにも敏感でありたい。

　さきに参照した砂沢は，「事実」すなわち「教授・学習過程」の研究が教師

80　第Ⅱ部　教育実践研究におけるエビデンスとは何か

の主体性確立の契機であるととらえていた。1956年学習指導要領改訂の前後に進行した文部省による教育統制への対抗として「教育課程自主編成」運動が展開された。その基盤には，改訂学習指導要領やそれに準拠した教科書の内容を「毎時間の授業のなかで吟味し，子どもの発達段階に応じた教材を新たに組み直していこうとする意欲」（砂沢，1963，p.13）があり，そこに「教師の主体性を確立する」（砂沢，1963，p.13）意図があるのだと砂沢はいう。その基盤として「事実」である「実践の記録」が重要となる。砂沢において「事実」という語の運用には，教育実践を上から変えていこうとする行政による教育統制や研究者による「高踏的理論」（砂沢，1963，p.10）と教師自身の主体性に基づく研究や実践とを対比させる意味があったのではないだろうか。つまり「事実」とは教師が，主体性を確立し，発揮し，自身の実践を省察し，優れた教育実践を共有する際にそれらをボトムアップで進めていく際の立脚点としての意味を付与されているのである。このことは現在の日本の教育実践研究に対してきわめて示唆的である。

　教育実践研究においては，唯一の「事実」があるのではない。多様な人々にとっての「事実」が重ね合わせられることによって当該の実践が豊かになる点で，多様な事実に開かれた研究の方法が，教育方法学研究には求められるであろう。

＜引用文献＞

・石黒広昭（2016）『子どもたちは教室で何を学ぶのか：教育実践論から学習実践論へ』東京大学出版会.
・鹿毛雅治・藤本和久・大島崇（2016）「『当事者型授業研究』の実践と評価」，『教育心理学研究』64（4），pp.583-597，日本教育心理学会.
・鹿毛雅治（2017）「授業研究を創るために」，鹿毛雅治・藤本和久編『「授業研究」を創る：教師が学びあう学校を実現するために』pp.2-24，教育出版.
・砂沢喜代次（1963）「授業記録は何のためにとるか」，砂沢喜代次ほか『授業の技術別巻　授業記録のとり方』pp.7-35，明治図書出版.
・鳥山敏子（1985）『いのちに触れる：生と性と死の授業』太郎次郎社.
・平野朝久（1994）『はじめに子どもありき：教育実践の基本』，学芸図書.
・古川ちかし（2001）「協力的なコミュニケーション空間をつくる道具としてのビデオ映像：日本語教室の実践」，石黒広昭編『AV機器をもってフィールドへ：保育・

教育・社会的実践の理解と研究のために』pp.173-190，新曜社.
・村井淳志（2001）「『ニワトリを殺して食べる授業』の隠れたメッセージ：鳥山敏子『いのちに触れる』の元生徒の聞き取りから」，『「いのち」を食べる私たち：ニワトリを殺して食べる授業―「死」からの隔離を解く』pp.55-105，教育史料出版会.
・やまだようこ（2004）「質的研究の核心とは」，無藤隆・やまだようこ・南博文・麻生武・サトウタツヤ編『質的心理学：創造的に活用するコツ』pp.8-13，新曜社.

82　第Ⅱ部　教育実践研究におけるエビデンスとは何か

2　授業研究におけるエビデンスのつくり方
―国際交流の視点から―

東海学園大学　**的場　正美**

　エビデンスは，1991年に医療研究の分野で取り上げられ，看護研究や心理臨床研究に広がり，教育学の分野でもイギリスでは1999年，日本では2000年以降に論じられるようになってきた。エビデンスをめぐる論議は授業研究にどのような示唆を与えているのだろうか。❶と❷では，その示唆と意義について論じる。❸では，授業研究の多相性を類型と文化依存度レベルから論じ，❹では，観察した事例や資料など事実が検討会や授業の分析によってどのようにエビデンスになるのか論じたい。

❶　エビデンスはどのような分脈で語られるか：授業研究への示唆

（1）　医療研究におけるエビデンス

　医療におけるエビデンスは，EBM（Evidence-based medicine）の文脈で論じられている。EBMは，1991年の雑誌「ACP Journal Club」に掲載されたガイアット（Gordon Guyatt）の論文に始まり，1993年のアメリカ医学会雑誌「Journal of the American Medical Association」でのEBMのシリーズ論文の掲載，1994年日本語訳によって日本でもEBMが広がってきたといわれている（津谷，2012，p.192）。EBMを巡る論議が授業研究に与える示唆の第1は，「経験・直感に基づいた医療からエビデンスに基づいた医療へのパラダイムシフト」ではなく，臨床試験におけるランダム化比較試験に基づく臨床行為を決定するために，「エビデンスそのものが変わったのではなく，エビデンスの集め方，使い方が変わった」（名郷，2000，p.11）ことである。第2の示唆は，エビデンスは研究成果の応用だけでなく，一連のプロセスの中で論じられていることである。エ

ビデンスは「患者に妥当で安全性の高い医療を提供するため」（同前）に，①患者の問題の定式化，②問題についての情報収集，③情報の批判的吟味，④情報の患者への適用，⑤①から④の評価というプロセスとして捉えられている。第3の示唆は，時間的にも環境的にも限定された実践において最善のエビデンスを使う誠実な意思決定の重要さである。「研究で作られた最善のエビデンスを，臨床的知識・環境と，患者の価値観を統合して，目の前の患者のためにつかう」（2000年のEBMの定義）という意思決定が重要となる。

(2) 看護研究におけるエビデンス

看護におけるエビデンスは，医療におけるEBMの考えを拡大し，公衆衛生の分野におけるEBH（Evidence-based healthcare）を転用し，「科学的な根拠にもとづいて行われる看護全般」をEBN（Evidence-based nursing）と呼んでいる。第4の示唆として，ここでは治療や患者の個別性だけでなく，費用や資源などを考慮にいれていることである（草間，2003）。さらに，第5の示唆は，量的データの収集，サイズ，処理，解析などの統計的手法である（髙木・林，2006）。

(3) 心理療法研究におけるエビデンス

応用心理学研究においては，エビデンスに基づく応用心理学的実践が，EBPP（Evidence-based psychological practice）と呼ばれ（松見，2016，p.249）ている。その背景には，①実践を伴う専門職としての説明責任と②国家資格としての質の担保が実践活動に求められてきたことがある（松見，2016，p.205）。授業研究への第6の示唆として，エビデンスは専門職としての説明責任と実践の質の担保との関連で論じられる必要がある。心理療法におけるエビデンスは「アセスメントに基づいて介入を行った結果，治療目的を達成できたかどうかを判断するために示される」（同前，p.251）ものとされている。第7の示唆は，①介入マニュアルが作成されていること，②効果研究に群間実験デザインまたは準実験デザインを用いること，③一事例実験デザインを用いた研究の系列的レビューが存在するというエビデンスの基準が示されていることである（同前）。

心理療法の分野におけるエビデンスに関する文献をレビューした古宮昇（古宮，2017）の研究から得られる第8の示唆は，質的な実践研究を計量できる単

84　第Ⅱ部　教育実践研究におけるエビデンスとは何か

位に変換し，教育実践の効果を量的に示すことである。

❷　教育学研究におけるエビデンスをめぐる論議

（1）　教育学におけるエビデンスをめぐる研究動向

　「エビデンスに基づく教育（Evidence-based education）」という言葉は，イギリスにおいて，1999年の論文にみることができる（Davies, 1999）。デイヴィース（Philip Davies）は，その論文で，「エビデンスに基づく教育は，万能薬（panacea）ではなく，教育政策と実践をよりよくするための一連の原理と実践である。」（Davies, 1999, p.108）と述べている。そのことを踏まえ，惣脇宏は，教育の分野における「エビデンスに基づく教育」は，「政策と実践を含む広義」の場合と「教育実践のみを指す場合」があると述べている（惣脇, 2012, p.28）。惣脇は，エビデンスに基づく教育が，①実証的エビデンスと専門職の知恵を統合すること（同前, p.29），②質的研究を含む実証研究だけでなく概念的研究によるエビデンスも視野に入れる必要があること（同前, p.30），③エビデンスを生み出す研究，実践する研究に加え，研究から政策や実践にエビデンスを「つたえる」局面を強調している（同前, p.31）。

　日本においては近年，日本教育学会の機関誌『教育学研究』（2015, 82（2））や上智大学の紀要「Educational Studies」（2017）で教育学におけるエビデンスに基づく研究の問題が特集された。第1の重要な示唆は，石井英真と松下良平によるエビデンスに基づく教育という発想が有するイデオロギー性の指摘である。松下は，「イデオロギーを排除し，有効性を徹底的に追求するエビデンス導入の試みは，濃密にイデオロギー性（特定の利害＝関心を反映した抑圧性・虚偽性）を帯びているという見方」（松下, 2015, p.16）をもとに，そのイデオロギー性の解明を試みている。松下は，医療と比べて，「教育は，相互に葛藤・対立することもある多様な能力・態度の育成，あるいは人間としての成長や人間の形式といった，多義的で多様な解釈に開かれた目的を追求する」（同前, p.17）ものであり，「たえず価値判断が求められ，技（アート）に満ちた

実践的思慮（フロネーシス）が必要になる」と教育の特質を捉える。そして、「エビデンスに照らして教育目標に対する手段の有効性のみを問題にするとき、教育のこのような特質は大きく損なわれてしまう」（同前）と主張する。より明確には、「教育は手段の技術的操作によって合理的にコントロールできるものではないし、そうすべきものでもないのだ」と主張する（同前）。石井は、ビースタ（Gert Biesta）の論をもとに、専門職の活動を効果的介入と見なす発想は、「因果関係モデル」と「技術的モデル」に基づいていることを指摘し、「その介入が何をもたらすのか」が別途問われる必要があるとしている（石井, 2015, p.33）。

　第2に、授業研究を含む教育実践に関るエビデンスの問題について、授業研究にかかわってきたエリオット（John Elliott）の指摘が重要である。彼は、ハーグリーブス（David Hargreaves）の論を引用し、「教育研究は、教師の実践的な判断に情報を与えることができる知識の体系をシステマティックに開発することへ向きを変えることが必要である。エビデンスに基づく教育という考えは、その転換の中核である」（Elliott, 2004, p.164）と述べながらも、成果に基づく教育の問題を指摘している。このエリオットの主張を石井は、①「大規模な量的研究よりも事例研究が教育の中心になるべき」（石井, 2015, p.34）であり、②「現場教師の「研究に基づく実践（Research-based teaching）」を軸に、いかにすればその過程がより教育的になりうるか（規範的原理）を示すことが教育研究の大きな役割であり、外部の研究者は、実践者との協働による「アクション・リサーチ（Action research）」を遂行する必要」があると整理している（同前）。

　第3は、授業検討会で教師が学習の事実を語ることの意義と意味を問う杉田浩崇の視点が授業研究におけるエビデンスを作り出すときに有益である。杉田は、カベル（Stanley Cavell）のウィトゲンシュタイン解釈をもとに、規準を「ある行為の是非を測定する客観的な「基準（Standard）」とは異なり、不確実性を孕みながらもそれまでの実践で一致してきたこと（それ以外のものには支えられていない）に依拠する判定尺度である」（杉田, 2015, p.44）と規定する。そして、この規準概念に照らして、「事実に基づいた授業検討は、教師が互

いに児童生徒の事実を解釈し，ともにひとつの事実を形成していく過程だと捉えることができるだろう。その事実は文字通り客観的に記述可能なものではないが，それでも教師集団の中で共有されるようになるという意味では客観的なものである」（同上，p.44）と述べている。

第4は，エビデンスに基づく教育の推進派と批判派の対立が学問的伝統の対立を反映していることの指摘である。実証主義vs.解釈学，還元論vs.全体論といった対立，「説明vs.理解，支配・統制vs.共生・批判（いずれも研究の目的をめぐる対立），観察者vs.参加者（研究者の立場をめぐる対立），方法vs.対話（知識の成立過程をめぐる対立），ルールvs.コンテクスト（判断の根拠をめぐる対立），真理vs.共同体，内容vs.概念図式（いずれも知識の根拠をめぐる対立），といった対立」（松下，215，p.18）として表れている。

(2) 授業研究の定義とエビデンス

授業研究におけるエビデンスを戦後の授業研究の定義からみると，1960年代以後1990年代まで授業研究を科学的かつ実証的に志向したのは，砂沢喜代次（1966，p.186），佐伯正一（1975，p.354），柴田義松（1988，p.210），重松鷹泰（重松，1993，p.75）の定義である。砂沢喜代次の定義（砂沢，1966，p.186）をみると，児童中心主義に対する系統主義からの批判とともに高まって来た授業を「科学的かつ実証的」に分析する立場であり，エビデンスは，「価値ある教材」に取り組む子どものつまずきとその克服している事例を事実とし，それを解釈してえられる諸動因である。

このような実証科学的な研究志向に対して，佐藤学は，「授業研究」を推進した教育学者は，「授業に関する研究」（research on teaching）を「授業についての研究」（research about teaching）に置き換え，さらには，それ自体を固有の完結した理論研究の対象領域に限定して「授業研究」（research of teaching）に閉ざしてしまったと分析し，「授業の科学」の建設により，「授業の科学化」と授業技術の「合理化」が志向されたと批判する（佐藤，1992，p.69）。この論理展開は，J.ハーバーマスの自然科学に代表される実証科学に対するイデオロギー批判の方法と類似している。

2 授業研究におけるエビデンスのつくり方　87

稲垣忠彦は,「臨床的研究とその基礎となる研究」(稲垣, 1900, p.62), 藤岡完治は, 学習心理学, コミュニケーション科学, 教育評価の数量的研究を視野に入れて,「授業研究 (research on teaching)」(藤岡, 2001, pp.175-176), 吉田章宏は, 授業研究の累積と重層性に着目し, 多面的研究 (吉田, 2000, p.275) として性格づけている。授業研究は, 現在, 重層的な側面に注目して定義されている (的場, 2013, p.290：2017b, p.163) が, 利害がともなう国際の対話には, 各国の文化を背景とした重層的な授業観の討論が必要である。

❸　授業研究の類型と文化依存度レベル

(1)　授業研究の類型

授業研究は, 次の性格を複合的にもつ研究である。

①授業研究は, 実践研究である。②授業研究は, 文化に依存した研究である。③授業研究は, 終わりのない継続的な研究である。④授業研究は, 同僚や研究者との協働的研究である。⑤授業研究は, 経験科学的手法, 談話分析の手法, 解釈学的手法など様々な手法を用いる研究である。⑥授業研究は, 学びの内容と結び付いた研究である。⑦授業研究は, 子どもの思考や行動を解明する研究である。⑧授業研究は, 理論を基礎とした研究であると共に理論を形成する研究である。⑨授業研究は, エビデンスを媒介にして他の研究分野と対話できる研究である。

このような性格を有する授業研究の実践研究の過程を, 認識関心 (Interest), 計画 (Planning), 実施 (Implementing), 観察 (Observation), 討議 (Discussion), 反省・評価 (Reflecting), 改善 (Revising), 報告・成果の蓄積 (Reporting) に区分して, 現実に実施されている授業研究の類型を示したい。認識関心の表明は, 授業研究の国際交流において批判的に対話する前提になる。

タイプ1 (T1) は, 授業の改善をめざす同僚に開放された授業研究である。いわば, 一人の教師が自分の授業を改善するための授業研究, あるいは学校で協働して, 主に特定の教師の授業の改善をめざすタイプの授業研究である。タ

88 第Ⅱ部 教育実践研究におけるエビデンスとは何か

表1 授業研究の類型

	T1:Lesson Study for Teaching Improvement	T2:Lesson Study for Teacher Professional Development	T3:Lesson Study for Creation of Pedagogical Knowledge
G: Interest	Good Practice	Learning Community	Creation of Pedagogical Knowledge
S1: Planning	Effective lesson Plan	Planning Research lesson collaboratively	Research Question
S2:Implementing	Opening his / her Lesson	Research Lesson practically	Research Lesson Academically
S3: Observation	Observation	Participant Observation	Observation Follow up Survey and Interview
S4: Discussion	Sharing Experience: Professional Discussion	Provide critically Discussion	Transcript-based Analysis
S5: Reflecting	Self-Reflection	Evidence-based Reflection	Literacy based Reflection and Interpretation
S6: Revising	Classroom-based Research	Teaching Improvement	Conceptualization of Knowledge
S7: Reporting	School-based Personal Knowledge	School-based Knowledge Community	Theory Theorization

イプ2（T2）は，教師の専門職技能の向上をめざす同僚が参与する授業研究である。このタイプの授業研究は，学校全体が組織的に計画して，他の学校からの参観者も学内の同僚と協働して，お互いの役割を意識して，参画するタイプの授業研究である。タイプ3（T3）は，授業研究に授業分析の要素を組み込み，通常の事後検討会としての授業研究に加え，授業記録を詳細に分析して，知の形成をめざす授業研究である。

　計画段階（S1）では，①自分の授業実践を通して得られた子どもの様子を記録したカルテやメモ，②教材研究の先行研究，③公開されている同一単元計画，④学年や教科での検討される場合には，同僚の経験，そして，改善あるい

は研究視点を組み込んだ学習指導案（座席表授業案），等が盛り込まれる。

実施（S2）と観察（S3）の段階において，タイプ3では組織的に観察器材や観察場所，音声や行動の観察が計画されるが，タイプ2でも，①ビデオ撮影，②観察の役割，③板書の経過記録，④特定の子どもの詳細な記録，⑤授業中の課題プリントや作品，ノートの記録の収集，⑥場合によっては，授業後の子どもへの簡易なインタビューがなされる。

討議（S4）と反省・評価（S5）の段階では，❹（1）に述べるように，検討会の教師の語りを通して具体的な事実が授業実践の捉え方＝表象のエビデンスになる。

改善（S6）の段階は，エビデンスを実施で誠実に「つかう」ことを予想・計画するために，エビデンスを評価する段階である。

（2）　文化依存度レベル

いっぽう文化依存の性格を持つ授業研究を4つのレベルに便宜上区分し，それぞれのレベルにおける研究対象領域を示したい。

①　文脈依存度レベル1の研究領域

文脈に最も依存する領域（文脈依存度レベル1）の研究領域は，国や地域，地区及び学校の文化が反映される学校づくりや学級づくり，学習における集団の機能や役割，及び教師に求められる期待などの研究領域である。レベル1では，①学級・学校づくり研究，②学習共同体の形成研究，③学級集団と指導法，④教師の資質形成，などが研究対象となる。

②　文脈依存度レベル2の研究領域

比較的文脈に依存する領域（レベル2）は，主に教材研究と子ども研究の領域である。レベル2では，⑤各教材の内容分析と発問開発，⑥単元開発とカリキュラム開発，⑦子どもの思考・認識・関心・意欲研究などが研究対象となる。

③　文脈依存度レベル3の研究領域

比較的文脈に依存しない領域（レベル3）は，授業研究の理論，研究方法の研究領域である。レベル3では，⑧授業研究の理論と精神，⑨授業研究のメソドロジー，⑩授業分析の手法とツール，などの研究が研究対象となる。

90　第Ⅱ部　教育実践研究におけるエビデンスとは何か

④　文脈依存度レベル4の研究領域

　ほかの文化と相対的に比較可能で，高度にその文化の根底をなす領域（レベル4）は，その国や地域の文化であり，⑪授業のメンタルモデルとスクリプト研究が研究対象となる。

　文化依存を基軸にして授業研究の対象を4レベルに区分したが，例えばレベル2の教材研究やカリキュラム開発は，思想や見方・考え方，教育観（レベル3）と層として重なり，相互に関連している。討議や分析の対象となった具体的事実が可視化・共有され，討議によって考察に新たな視点が加わり，解釈者の内的な変化が生じると，エビデンスは再編集され，新しくエビデンスになる。そのことによって，現実の実践へのエビデンスの妥当性が高まる。そのためには，①エビデンスの元になる資料を産み出す計画の作成と実施，②資料の選択基準と質の吟味を経た事例や資料の代表性や安定性の確保，③その解釈過程の明示化と共感的理解が必要になる。このエビデンスが文化的背景の異なる人々の国際的対話の基礎になる。

❹　授業研究において何がどのようにエビデンスになるのか

　エビデンスがつくられ，それが再編集され，新しくエビデンスとなることをここでは，エビデンスの創出と呼びたい。エビデンスの創出は，①研究者と教師の協働による実践研究会，②学校を中心とした教師による授業研究，③民間教育団体による組織的に授業研究会，④教師達の自発的な実践研究サークル⑤大学を中心とした研究でなされてきた。①から④までは，同じ記録や資料を共同で解釈をし，エビデンスを創出する実践解釈共同体が場である。⑤は個人の研究であるが，学問の世界で知を形成し共有する研究共同体が場である。

（1）　実践解釈共同体におけるエビデンスの創出

　教師の協働による討議，解釈，省察に関する報告・研究（鈴木，2018：平田，2016：坂本，2013：秋田，2008），教師の実践知（藤田，2017：森，2017），授業計画と授業研究（遠藤・益川，2015）など多くの研究がある。

2 授業研究におけるエビデンスのつくり方　91

　授業実践は，一人一人の子どもの人間形成過程において，「現在入手可能な
最強のエビデンスを良心的に，明示的に，かつ賢明に応用する」（加藤，2007，
p.18）エビデンスを創出しているが，授業における具体的事実は実践解釈共同
体における教師の論議，語りによってそれがエビデンスになる。

　ひとつの例として秋田喜代美は次のように報告している。金子みすゞの詩
「達磨おくり」を取り上げた国語の授業検討会で，一人の男の子の動作につい
ての教師の発言を解釈して次のように記述している（秋田，2008，p.125）。「教
師Fは，授業者Nには問題と思われた子どもの行動の奥にある想いを，子ども
の側から代弁することで，その場面での教師の葛藤する思いと判断を共感的に
評価し意味づけて，全体の授業展開の構造を語っている」そして，「一面的で
断片的だった実践の表象が，他教室TやFたちの語りによって重層的な構造を
持った実践の表象形成へと厚みをましているといえるだろう」（同前）と説明
している。秋田の説明をエビデンスの文脈から読み解くと，教師たちの語りに
よって，実践の表象がメタモルフォーゼ（表象から表象へ変態）し，厚みを増
した授業実践の表象にとって，具体的な発言や行動がエビデンスになる。

(2)　研究共同体における分析と解釈によるエビデンスの創出

　子どもの発言や教師の語り，協議会での討論を量的質的に分析し，それに意
味付与する研究（平田，2016：大谷，2011：大谷，2007：柴田，2002），ウェ
アラブルカメラ映像を用いた授業の振り返り分析（生田・内山，2017），発話
のリズム分析研究（坂本・大谷，2006）がある。大谷尚によると，SCAT（Steps
for Coding and Theorization）の手法による概念化と理論化の手続きは，発言を
文字化したテクストを資料として，その中の①注目すべき語句が抜き出され，
②それを言い換え，③言い換えを説明するようなテクスト外の概念を投入し，
④前後の文脈を考慮して，長い修飾語のついた語句の概念を構成している。こ
の手法の利点は，構成された概念を参照する資料・発言が明示され，実践の言
葉と研究の用語を結びつけていることである。

　学校の紀要や著書に書いた実践報告には，子どものノート，作文，作品，発
言を織り交ぜた記述スタイルがある。かつてマーネン（Jhon Van Maanen）は，

92　第Ⅱ部　教育実践研究におけるエビデンスとは何か

フィールド調査における記録の叙述様式を問い直し，調査者の思想は記述内容に表われるのではなく，むしろ記録をどのように叙述するか，その叙述様式に思想は規定されることを明らかにした（マーネン，1999）。この叙述様式に加え，報告を見ると，記述内容を参照できる資料と報告者の解釈を区分して，叙述様式を分類すると11以上の類型がある（的場，2017a）。その類型の一部を示すと次のようである。類型1：子どものノートを例示する。類型2：発言や考えや写真を取り上げながら，実践事例を物語る。類型3：事例としてある子どもの日記を示し，その文章の背景となった授業の流れを，その子どもの発言を組み入れて説明する。類型4：特定の子どもが他の児童と共にどのように活動したかを記述し，その子の願いの成立の例証として作文で示す。これらの事例を，①事例における記述の中から子どもの発言や作文あるいは教師の報告文など記録と報告者の解釈を区分する，②全文の記録を抜き出し，報告者が解釈した箇所を特定する，③特定された箇所及び関連する箇所を再解釈する，そして④再解釈した箇所と報告者の解釈を比較するという段階を経て，実践報告を再構築することでエビデンスの実践へ応用する有効性と妥当性の確信，授業実践の表象とエビデンスの関連を共有できる可能性がある。

（3）　自己変革を促すエビデンス

　解釈は授業記録を解釈の直接の対象とするが，実際の授業の記録されなかった部分を補いながら，解釈者の具体的体験や記録の解釈を通して意味をつくりだす作業である。しかも解釈することは再編集を前提としている。柴田好章（2007）は，授業逐語記録を分析・解釈し，意味付与する相互規定性の視点として，①文章の前後の語句の関係と②解釈者による意味付与をあげている。②の視点として，和紙の性質を見極めるために，和紙を裂いたり，水に浸けたりした行為と発言を例として，「生きた子どもの世界の中に，分析者が実験という概念を見出すのは，事実を説明するに足りる実験という概念を有しているからである。つまり概念が，無限の解釈の可能性がある生の世界から，その（実験と呼ばれるに相当する）事実を浮かびあがらせている」，「あえて実験という概念をその世界に見出すのは，実験という概念の側の力のみによるのではない。

分析者の力によって，実験とよばれるに相当する事実が，価値あるものとして選びとられたのである」（柴田，2007，p.59）と述べている。

解釈者が，実践へ身体ごとかかわる場合には，世界の捉え方，世界への感覚や態度も変化する。厚みを持った実践をとらえ表現する表象を形成するエビデンスは，解釈者を新たな存在への組み換え，自己変革を促す。

＜引用文献＞

・ 秋田喜代美（2008）「授業検討会談話と教師の学習」，秋田喜代美・キャサリン・ルイス編『授業の研究　教師の学習』pp.114-131，明石書店.
・ 生田孝至・内山渉（2017）「全天球カメラを授業研究で活用する技法」，『視聴覚教育』71（10），pp.12-15，日本視聴覚教育協会.
・ 石井英真（2015）「教育実践の論理から「エビデンスに基づく教育」を問い直す―教育の標準化・市場化の中で―」，『教育学研究』82（2），pp.30-42，日本教育学会.
・ 稲垣忠彦（1900）「授業研究」，細谷俊夫ほか編『新教育学大事典』pp.62-66，第一法規出版.
・ 遠藤育男・益川弘如（2015）「デザイン研究を用いたエビデンスに基づく授業研究の実践と提案」，『日本教育工学会論文誌』39（3），pp.221-233，日本教育工学会.
・ 大谷尚（2007）「4ステップコーディングによる質的データ分析手法SCATの提案―着手しやすく小規模データにも適用可能な理論化の手続き―」，『名古屋大学大学院教育発達科学研究科紀要　教育科学』54（2），pp.27-44，名古屋大学大学院教育発達科学研究科.
・ 大谷尚（2011）「質的研究シリーズ SCAT: Steps for Coding and Theorization ―明示的手続きで着手しやすく小規模データに適用可能な質的データ分析手法―」，『感性工学』10（3），pp.155-160，日本感性工学会.
・ 加藤忠史（2007）「『脳を鍛える』ブームの根底にあるもの」，『教育学研究』74（2），pp.152-161，日本教育学会.
・ 草間朋子（2003）「EBN（Evidence-Based Nursings）を考える」，『大分看護科学研究』4（1），pp.12-15，大分県立看護科学大学.
・ 佐伯正一（1975）「授業研究」，広岡亮蔵編『授業研究大事典』p.354，明治図書出版.
・ 坂本篤史（2013）『協同的な省察場面を通した教師の学習過程：小学校における授業研究事後協議会の検討』風間書房.
・ 坂本將暢・大谷尚（2006）「発話のリズムに着目した発話分析の手法の一提案：質的研究におけるデータの解釈とコード化の支援のために」，『日本教育工学会論文誌』30（1），pp.37-49，日本教育工学会.

94　第Ⅱ部　教育実践研究におけるエビデンスとは何か

- 佐藤学（1992）「『パンドラの箱』を開く＝『授業研究』批判」, 森田尚人・藤田英典・黒崎勲・片桐芳雄・佐藤学編『教育学年報1　教育研究の現在』pp.63-88, 世織書房.
- 重松鷹泰（1993）「授業分析」, 安彦忠彦ほか編『現代学校教育大事典』pp.75-76, ぎょうせい.
- 柴田好章（2007）「教育学研究における知的生産としての授業分析の可能性」, 『教育学研究』74（2）, pp.189-202, 日本教育学会.
- 柴田好章（2002）『授業分析における量的手法と質的手法の統合に関する研究』風間書房.
- 柴田義松（1988）「授業研究」, 東洋ほか編『学校教育辞典』p.210, 教育出版.
- 杉田浩崇（2015）「エビデンスに応答する教師に求められる倫理的資質―徳認識論における知的な徳の位置づけをめぐって―」, 『教育学研究』82（2）, pp.43-54, 日本教育学会.
- 鈴木悠太（2018）『教師の「専門家共同体」の形成と展開：アメリカ学校改革研究の系譜』勁草書房.
- 砂沢喜代次（1966）「授業研究」, 相賀徹夫編集『教育事典』p.186, 小学館.
- 惣脇宏（2012）「英国におけるエビデンスに基づく教育政策の展開」, 国立教育政策研究所編『教育研究とエビデンス：国際的動向と日本の現状と課題』pp.25-49, 明石書店.
- 高木廣文・林邦彦（2006）『エビデンスのための看護研究の読み方・進め方』中山書店.
- 津谷喜一郎（2012）「日本のエビデンスに基づく医療（EBM）の動きからのレッスン」, 国立教育政策研究所編『教育研究とエビデンス：国際的動向と日本の現状と課題』pp.185-203, 明石書店.
- 名郷直樹（2000）「EBMの必要性と情報環境」, 中嶋宏監修, 津山喜一朗・山崎茂明・阪巻巻弘之篇『EBMのための情報戦略：エビデンスをつくる, つたえる, つかう』pp.10-21, 中外医学社.
- 平田幸男（2016）「関連性評定質的分析法による授業研究会の議論の分析：小学校における総合的な学習を事例として」『日本教科教育学会誌』38（4）, pp.57-66, 日本教科教育学会.
- 藤田武志（2017）「学校教育における実践知の危機：子どもたちの最善の利益に向けて」, 『学校教育研究』32, pp.8-20, 日本学校教育学会.
- 藤岡完治（2001）「授業研究」, 日本カリキュラム学会編『現代カリキュラム事典』pp.175-176, ぎょうせい.
- 古宮昇（2017）「文献展望　精神分析的心理療法の効果に関する実証的エビデンス」, 『心理臨床学研究』35（1）, pp.89-98, 日本心理臨床学会.
- 松下良平（2015）「エビデンスに基づく教育の逆説―教育の失調から教育学の廃棄へ―」, 『教育学研究』82（2）, pp.16-29, 日本教育学会.
- 松見淳子（2018）「エビデンスに基づく応用心理学的実践と科学者 - 実践家モデル：

教育・研究・実践の連携（特集 エビデンスに基づく応用心理学的実践）」『応用心理学研究』41（3），pp.249-255，日本応用心理学会.
- 的場正美（2013）「授業分析の方法と課題」，的場正美・柴田好章編『授業研究と授業の創造』pp.5-20，渓水社.
- 的場正美（2017a）「岐阜市立長良小学校の特別活動」，『東海学園大学教育研究紀要』2（2），pp.85-103，東海学園大学.
- 的場正美（2017b）「授業研究と授業分析の課題―実践と理論へのその貢献―」，『東海学園大学研究紀要』2（1），pp.159-172，東海学園大学.
- ジョン・ヴァン＝マーネン（1999）『フィールドワークの物語』森川渉訳，現代書館.
- 森俊郎（2017）「若い先生に知ってもらいたい理論と実践：エビデンスに基づく教育実践」，『月刊生徒指導』47（4），pp.26-30，学事出版.
- 吉田章宏（2000）「授業研究」，日本教育工学会編『教育工学事典』p.275，実教出版.
- 古田紫帆・高橋朋子（2017）「多様な教科担当者同士による授業研究型校内研修の開発」，『日本教育工学会研究報告集』17（3），pp.43-49，日本教育工学会.
- Davies, H.（1999）." What Is Evidence-Based Education?". British Journal of Educational Studies. 47（2）. pp.108-121.
- Eliott, J.（2004）." Making Evidence‐based Practice Educational". Thomas,G. and Pring, R. eds. Evidence-based practice in education. Open University Press. pp. 164-186. 初出 in British Educational Research Journal.27（5）.2001, pp.555-574.

3 教育評価のエビデンスとしての実践記録
—近代自然科学的証拠と体験反省的明証性の間で—

福井大学 **遠藤 貴広**

❶ 日本の教育実践研究におけるエビデンスをめぐる諸相

　本稿は，教育実践研究におけるエビデンスをめぐる問題を，主に教育評価の視点から検討するものである。

　2018年6月15日に閣議決定された第3期教育振興基本計画では，「今後の教育政策に関する基本的な方針」の一つとして，「教育施策を効果的かつ着実に進めるとともに，教育政策の意義を広く国民に伝え，理解を得る上でも，施策の目的に照らして求める成果を明確にするとともに，客観的な根拠（エビデンス）を整備して課題を把握し，評価結果をフィードバックして既存の施策や新たな施策に反映させるといった，客観的な根拠に基づくPDCAサイクルの確立をさらに進めていくことが必要である」ことが示されている。それは2017年6月9日に閣議決定された「経済財政運営と改革の基本方針2017」等でも示されていたEBPM（evidence-based policy making）（証拠に基づく政策立案）推進体制構築に向けた取り組みを反映したものである。この動きは教育行政・政策以外の社会一般にも広がっており，例えば経済学の視点から大規模データを根拠に教育議論を分析した中室牧子『「学力」の経済学』（2015）は一般書としてもベストセラーとなった。さらに，同じエビデンスでも，（対象者の割当を厳密かつ無作為に行う）「ランダム化比較試験（RCT: randomized controlled trial）」によってえられた複数の実証研究知見を統計的に統合する「メタ分析（meta-analysis）」ないしは「システマティック・レビュー（systematic review）」を行ったものが最もレベルの高いエビデンスとされているが，そのメタ分析の結果をさらにメタ分析する手法で整理した研究も日本に紹介されるようになっている

（ハッティ，2017，2018）。

　ただし，教育におけるエビデンスの活用の仕方に目を向けると，不適切と思われるものも多くあることが指摘されるようになり，そもそも教育研究におけるエビデンスとは何なのかといった点をめぐっても議論が盛んになっている。例えば日本教育学会機関誌『教育学研究』第38巻第2号（2015年6月）では「教育研究にとってのエビデンス」と題する特集が組まれ，多方面から問題提起がなされている。この特集の中で，教育方法学研究者からは石井英真（2015）が，政策レベルのみならず教室レベルの教育実践の論理からエビデンスを問い直す視座を明らかにしている。以後，教育方法学研究としてもさまざまな論点整理がなされるようになっている（例えば熊井，2016；藤江，2017）。

　本稿では，これらの成果に学びつつも，検討に際しては，教育実践研究におけるエビデンスは何であるべきか・どうあるべきかという方向ではなく，特に日本の教育現場での実践研究において教育評価のエビデンスとして機能しているものは何かという方向からアプローチする。また，検討の対象となる「教育実践研究」については，実践者が教育現場で行う自身の実践についての研究を中軸に据える。教育実践について外部の研究者が行う研究よりも，教師が自身の教育現場で日常的に行う実践研究のほうが，子どもたちの学びのあり方に量的にも質的にも多大な影響を与えているからである。さらに，「教育評価」については，教師が自身の教育活動を改善・発展させるために自身の教育活動の実態を把握する営みを中心に据える。それは，子どもたちの学習状況や教師の教授行為を第三者が厳密に測定するというベクトルとはまったく異なるものである。本稿では，手続き上の厳密性よりも，実践上の有意性，教育現場での実行可能性，そして教育実践研究としての持続可能性に注目して，上記のような対象設定を行う。

　日本の教育実践研究の中で重要な役割を果たしてきた教育評価のエビデンスとして，本稿では，実践者が自己の実践を書き言葉で綴った「実践記録」に注目する。実践記録を基盤にした教育実践研究は戦前から長く取り組まれているものであるが，テクノロジーの進展でさまざまな記録媒体が利用できるように

98 第Ⅱ部 教育実践研究におけるエビデンスとは何か

なっている今日においてもなお重要な位置を占めている。以下，筆者の身近な
事例から検討を進めていきたい。

❷ 実践記録を土台にした教育実践研究の展開

　筆者が2008年4月から大学教員として実践を続けてきた福井大学教育学部
（2016年3月まで教育地域科学部）の教員養成カリキュラムでは，教職課程コ
ア科目に位置づいている一連の「教育実践研究」において，学生は学部1年次
から地域の子どもたちと長期にわたる協働探究プロジェクトや個別支援活動を
展開し，そこで経験したことを実践記録に綴り，それを中心資料に事例研究を
行うことが繰り返されている。その成果は，毎年度末に作成する「個人最終報
告書」や，4年次に教職実践演習のまとめとして作成する「教職学習個人誌」
といったより大きな記録にまとめられ，学外者（高校生，現職教員，教育研究
者等）も多数参加する「公開クロスセッション」において，学生一人一人の長
期にわたる協働実践研究の展開が検討される。この教職学習個人誌は同学部の
教員養成スタンダードにおいて「証拠となる学習成果物」として位置づけられ，
教職課程修了を根拠づける最も重要な資料となっている（遠藤，2018）。

　これは，教職大学院の教師教育カリキュラムとの連動を図る中で取り組まれ
ているものでもある。福井大学教職大学院（2008年4月に福井大学大学院教育
学研究科教職開発専攻として創設後，2018年4月から福井大学大学院福井大学・
奈良女子大学・岐阜聖徳学園大学連合教職開発研究科）では，大学院入学前ま
でに実践者として取り組んできたことや，大学院入学後に教職大学院のスタッ
フや院生の協力もえながら進めている勤務校での長期にわたる自身の実践の展
開を実践記録に綴り，その実践記録を中心資料に事例研究を重ねるサイクルが
組織されている。同時に，学内外の多様な実践者が書いた実践記録を協働で検
討することで上記の実践研究をより充実させるためのセッションも多く組み込
まれている。こうして進められる長期にわたる協働実践研究の展開は，2001
年から年に2回開催されている「実践研究福井ラウンドテーブル」において，

異教科・異校種そして異地域・異業種のメンバーからなる数人のグループで，一事例あたり約100分の時間をかけて検討される。その趣旨は案内チラシを通じて次のように伝えられている。

実践の長い道行きを語り展開を支える営みを聞き取る

地域や職場で自分たちの実践をじっくり跡づけ，その省察をふまえて実践を編み直していく。地域・職場を大人同士が実践を通して学び合う協働体（コミュニティ）に変えていく。その中で一人一人が，省察的で主体的な実践者としての力を培っていく。そうした地道な取り組みが少しずつ蓄積されてきています。

試行錯誤を重ねながら大切に進められてきているそうした取り組みを，より広く伝え合い，じっくり展開を聞き取り，学び合う場を作りたいと思います。

小グループで実践の展開を聴き合います。

実践記録を土台に実践の歩みをじっくり語っていきたいと思います。心に残っている場面。言葉，表情，行為。その時々に感じていたこと。ふりかえる中で見えてきたつながり。話し合いと記録づくりの中ではじめて気づいたこと。いま改めて跡づけ直して考えていること。

語られる展開に耳を傾け，活動の場面を共有し成長のプロセスを探っていきたいと思います。実践の過程をじっくり語り・聞きあう場，実践を共有して協働探究できる関係がより広く培われていくことが，その後の実践への問いの深まりを支える拠り所になると思います。

このような取り組みを通して蓄積された実践研究の成果は長期実践研究報告書にまとめられ，冊子となって公刊される。この冊子は次の世代の院生や他大学の関係者に広く読まれ，院生が書き残した実践記録を媒介に，院生一人一人の実践経験が広く継承される装置となっている。

同様の形は，福井大学と福井県教育委員会との共催で実施している教員免許

100　第Ⅱ部　教育実践研究におけるエビデンスとは何か

状更新講習でも取り組まれ，また，福井県教育委員会主催の教員研修でも「教育実践研究」として受講者が実践記録を書いて持ち寄り，その実践記録を異校種・異教科・異年代のチームで検討する「クロスセッション」が悉皆研修の中軸に位置づいている（遠藤，2017）。

　このような実践記録を土台とした教育実践研究は元々，福井大学教育学部附属学校園で取り組まれていたものがベースとなっている。例えば旧附属中学校（2017年4月から附属義務教育学校後期課程）では，全教員が自身の実践を短くとも単元レベルで実践記録に綴り，その実践記録を異教科・異年代の同校教員に大学教員が加わったチームで検討することが，同校の「教育実践研究会」として長く続けられてきた。それは次のようなサイクルで，取り組まれてきたものである（柳沢，2015，p.63）。

　　実践記録への取り組みはまず，時系列に取り組みの経過をたどり直すことから始まる。クラスの総体としての動きだけでなく，それとは異なる経路を歩む生徒の取り組みも改めてたどり直される。多様なアプローチの中から，その生徒はなぜそのアプローチを選択したのか，話し合いの中で他の生徒の取り組みを聴いて自分自身の関心を拡大させていくという動きが生じたのはどのような理由によるのか。逆に，そうした転換に関心を寄せようとしないのはどうしてなのか。重要な展開場面に即して，部会において，また夏と春の集中的な研究会において，実践の記録，その文脈に即して考える，記録に基づく省察的カンファレンスが進められていく。そして事後的な省察，協働的な探究によって捉え返された展開の把握に即して，事前におかれた展開の枠組みは問い返され，実際の長い展開の総体の中でそれぞれの局面がどのような意味をもつ段階だったのかを踏まえて，段階ごとの見出しが明示されていくことになる。こうした実際のより複雑な展開に即して再構成された実践把握の省察的なフレイムが，次の実践を構想した際に活かされ，より発展的で実際に即した探究の見積もりに繋がる。その新しいデザインによる活動の展開もまたさらに予期せぬ発展や問題を生み出すことになるが，それがまた次の省察的記録のサイクルで捉え返さ

れていく。

このようなサイクルを通して執筆・検討された実践記録は毎年，同校の研究紀要に収められ公刊されることで広く読まれ，同校の教育実践研究の歴史として蓄積されている。さらに，研究紀要に掲載されている実践記録は5年程度のスパンで編み直され，そこから見いだされた新たな展望が出版本にまとめられ，より広く読まれることになる（例えば，福井大学教育地域科学部附属中学校研究会，2010，2011）。上記の福井大学教職大学院の取り組みは，この旧附属中学校で展開されていた教育実践研究の構造と相似を成すものであった。

この実践記録を土台とした教育実践研究は，教育評価としても重要な役割を果たしている。実践記録の執筆にあたり，実践者は子どもたちの作品やレポート，映像や音声，日々のノートなどさまざまなデータを駆使して，学びのストーリーを紡いでいく。この営みは「学習経験の総体」「学びの履歴」としてのカリキュラムを捉える努力であるとともに，実践者がそのカリキュラムをどのように捉え，カリキュラム・デザインにどう生かしているかを表現するものでもある。こうしてできあがる実践記録は，教師が自身の教育活動のありようを示す重要資料であるとともに，それを多様なメンバーで検討し，後の教育活動の改善・展望につなげる営みは「教育評価」にほかならない。

これは一地方ないしは一大学で起こっている特殊な事例である。しかしながら，ここで紹介した一連の取り組みの中軸に，実践者が書く実践記録が位置づき，その実践記録を中心的な根拠資料に教育評価が営まれていることは，確かな実践の事実である。それは，教育評価のエビデンスに実践記録を位置づけることで発展を持続させている教育実践研究の展開があるということでもある。

❸ エビデンス概念の再定義

教育評価のエビデンスとして実践記録を位置づけた教育実践研究の方法論は，エビデンス概念としてはどのような意味を持つものなのだろうか。

教育社会学者の中澤渉（2018）は，教育政策とエビデンスに関する論考の中

で，次のような指摘を行っている（p.159）。

　　　教育現場にとって必要となるのは，具体的な事例や実践記録の蓄積だ。
　　教育現場で何か問題があれば，おそらく過去の似たケースを探し，それを
　　参考にしたい，と思うのではないか。しかしこうした事例の記録は，科学
　　的に有力なエビデンスと見なされないことが多い。

　このように，実践記録自体の価値は認めつつも，一般にそれをエビデンスと
見なすには無理があるという把握である。

　エビデンス概念を思想史の視点から再検討した今井康雄（2015）は，「それ
を信じるのに何の根拠も必要ない」という意味が含み込まれている「明証性
（Evidenz）」という哲学概念に注目する。そして，教育実践が，実験・調査か
ら引き出され説明責任（accountability）につながる「近代科学的エビデンス」（証
拠・論拠）への方向と，学習の経験から引き出され応答責任（responsibility）
につながる「生活世界的エビデンス」（明証性）への方向へと引き裂かれつつも，
両方の契機を必要とする様相を描き出している。

　同様の整理は，現象学をベースにした人間科学においてもみられる。例えば
西研（2015）は，前述の近代科学的エビデンスにあたるものを「経験科学的（自
然科学的）なエヴィデンス」と呼ぶのに対し，生活世界的エビデンスにあたる
ものを「（体験）反省的エヴィデンス（明証性）」と呼んで区別している。今井
も西も，E.フッサールが『デカルト的省察』（1931），『ヨーロッパ諸学の危機
と超越論的現象学』（1936），『経験と判断』（1938）といった著作で示した構想
を手がかりに，上記の整理を行っている。本稿では，近代科学的エビデンス（証
拠・論拠）ないしは経験科学的（自然科学的）なエヴィデンスにあたるものを
まとめて「近代自然科学的証拠」と呼び，また，生活世界的エビデンス（明証
性）ないしは（体験）反省的エヴィデンス（明証性）にあたるものをまとめて
「体験反省的明証性」と呼ぶことにする。

　この整理を手がかりとすると，教育実践研究においては，近代自然科学的証
拠を得るために，少しでも妥当性の高い測定方法を開発していく努力が求めら
れつつも，体験反省的明証性を確保するために，実践者が自身の実践の捉えを

丹念に吟味するという方向も追求していく必要がある。

　2000年以降の日本の教育実践研究の展開に大きな影響を与えているものの一つに，D.ショーンが提起した「行為の中の省察（reflection-in-action）」という視点がある。それは（あらかじめ技術的に規定された方法に則って得られたデータに従う認識を「客観的」「科学的」とする）「技術的合理性（technical rationality）」モデルの前提になっていた実証主義の研究方法論を専門職の実践研究に適用することを批判する中で示された視点で，近代自然科学の認識論を人文社会科学に適用することを批判するものとも読める。この中でショーンは，教師を省察的実践者として位置づけ，教師の「行為の中の省察」（行為のただ中で進められる，状況を変化させる思考）を支えるための実践研究の方法論を構想する中で，「評価については，生徒の学習の進捗を中央統制的に管理し客観化した形で計る尺度を探るといったやり方から，それぞれの教師が学習と教育の経験と成果を，独自に質的に判断し，その展開を自分の言葉で叙述によって説明する方向へと転換が図られる」と指摘している（ショーン，2007，pp.350-351）。この構想を引き受けるなら，「それぞれの教師が学習と教育の経験と成果を，独自に質的に判断し，その展開を自分の言葉で叙述によって説明する」ものとして，実践者が自身の言葉で綴った記録が評価に不可欠となる。

　ただし，ここで急いで断っておくと，実践者が自身の言葉で綴った記録が実践研究や評価に不可欠だからと言って，それで統計的なデータがまったく不要になるというわけではない。実践者が独断に陥る危険を回避するために，近代自然科学的証拠にあたるデータが使われる必要はある。しかし，それでも「学習の経験は，その帰結によって測ることはできず，過程を意味づける個別的な応答責任によってしか把握できない」（今井，2015，p.197）。そのため，教育実践研究におけるエビデンスとしては，近代自然科学的証拠にあたるデータは独断を排するための利用にとどめ，体験反省的明証性の確保を主軸に据える必要がある。このようなエビデンスの構造から，実践記録を土台にした教育実践研究が引き続き要請され，それが「それぞれの教師が学習と教育の経験と成果を，独自に質的に判断し，その展開を自分の言葉で叙述によって説明する方

104　第Ⅱ部　教育実践研究におけるエビデンスとは何か

向」での評価を具体化するための道筋となる。

❹　実践記録の科学性をめぐって

　福井大学ならびに福井県での実践記録を土台とした教育実践研究の展開は，長野県伊那市立伊那小学校や富山県富山市立堀川小学校など，長期にわたって発展を持続させている学校との交流の中で，そして，これらの学校で蓄積されていた実践記録を丹念に検討する中で醸成されたものである（福井大学大学院教育学研究科学校改革実践研究コース編，2006a，2006b）。この点で，日本の教育実践研究の歴史に根ざしたアプローチといえる。

　日本の教育実践研究史をたどると，実践記録をめぐってはいくつかの論争があった。代表的なものとしては，「記述の不完全性とその主観性」「文芸的記述のパターン」「潜在的な英雄主義と模範主義，一般化の態度」といった実践記録の呪術的性格に対する清水義弘の批判（1955，pp.25-32）と，その批判を受けて展開された勝田守一らの実践記録論（例えば勝田，1972）がある。また，このような論争を総括するもの（例えば成田，1958）や新たな実践記録論（例えば坂元，1980；竹沢，2005）も数多く発表され，教育実践研究の方法論として一定の蓄積が果たされている（大泉，2005，2007；坂元，2007；藤田，2013）。そして，これらの蓄積を踏まえ，実践記録を位置づけた教育評価論も構想されるようになっている（田中，2013）。

　この研究史の到達点の一つとして，例えば教育科学研究会では，教師が実践記録を書くことは，「書くことを通して自らの子ども理解（対象認識）とはたらきかけ（実践的行為）を振り返り（対象化し），それによって，子ども把握→はたらきかけ→より確かな子ども把握と教育認識→より的確なはたらきかけ，という螺旋状の回転運動をしながら，教師としての実践力量を自己形成していく方法」（藤田，2013，p.217）として位置づけられている。また，ただ書くだけでなく，書いた実践記録を仲間で「分析」（科学的根拠や経験則に基づいて，あるいは子どもの実態に即して，それ［実践的行為や判断］が適切であったか

を検討）し「批評」（実践の過程における子どもと教師，あるいは子ども同士の生き方・価値観のぶつかり合いや交流のようすとその意味合い，実践のようすから読み取れる実践者の子ども観・人間観・教育観などを議論）することも求められる。さらに，「実践→記録化→分析・批評」のプロセスを通して，「実践している最中あるいは直後における振り返り」「それを記録化する時点での対象化（自分の実践を書き言葉に置き換えていく作業を通しての省察）」「仲間と検討し合う場での多角度からの対象化（省察の客観化）」という3つの異なる次元での省察が実現するという（pp.219-220）。このような取り組みや視点を通して，呪術的性格が疑われる実践記録にも科学性を追求する努力が重ねられている。

　しかしながら，先に紹介した福井の取り組みに目を向けると，方法論上の違いも目に留まる。例えば福井の取り組みの典型である実践研究福井ラウンドテーブルでは，異教科・異校種そして異地域・異業種といった形で，なるべく異質性の高いメンバーからなる小グループで，実践の検討が行われる。それは，サークルの仲間といったメンバーとはまったく異なる関係である。また，実践の報告・検討の場に目を向けると，厳密な分析・批評というよりは，互いの取り組みを尊重しながら長期にわたる実践の脈絡を対話の中で丁寧に繙くという方向性が重視されている。それは，教育現場での実践研究を持続可能なものにしていくための知恵でもあるが，人間科学としての本質観取に求められる（異質な他者との）公共的な場面での「確かめあい」（西，2015）を保障するものにも見える。ただ，そうはいっても，福井での実践記録を土台にした教育実践研究の展開は，教育実践についての科学的研究を放棄してしまった取り組みと位置づけられてしまうのだろうか。

　ここでは，前述の清水と勝田による論争から間もないころに出された，次の総括に注目したい（成田，1958，p.231）。

　　　諸科学の手法による教育の分析が，教育学の発展に寄与したところは，
　　　はかりしれないほど大きいといわなければならないであろう。しかし，そ
　　　れらの研究成果をもってしても，教育という行為，実践の内面的な法則性

106　第Ⅱ部　教育実践研究におけるエビデンスとは何か

を，科学的に解明しはしなかったといっても，決していいすぎではない。
だからこそ実践記録が必要だったのである。外がわからでなく，教育実践
そのものの中から教育を理解しようとすることなのである。教育学が，正
に教育学として，独立の科学となるための方法的探究の出発点こそが実践
記録とその分析であったのである。それは，決して特定のイデオロギーの
具体的展開などというものでないのである。いや，むしろ，実践記録は，
事実を事実として承認することに何らのおそれをいだかないところから出
発できたものなのである。事実を歪めたり，「科学的」と誇称することに
よって，その実，事実の総体的本質的な認識を，局限し，一面的現象的な
認識にすりかえ，結局誤った認識へと導く危険性の大きい，偏狭な操作主
義に頼ったりする，非科学的なメンタリティの支配に対して，それは真正
面から反省をせまるものとなるであろう。

　60年前の指摘であるが，ここには科学自体の意味を捉え直そうとする姿勢
も読み取れる。例えば「教育実践の中でうまく機能しているのかもしれないが，
科学的ではない」というとき，そこで想定されている「科学」とはいったい何
なのだろうか。

❺　研究方法論の背後にある科学の認識論

　福井で展開されている教育実践研究の方法論については，例えば柳沢昌一
（2011）が詳しい説明を行っているが，そこで前提となっている科学の認識論
にかかわっては次のような立場が示されている（p.429）。

　　実践研究の方法とそこでの省察の妥当性は，その後の実践の展開にどの
　ような作用を及ぼすかを慎重に見極めなければ判断しえない。データの収
　集と分析の手続きの厳密さやそこで導かれた結果が（実践から隔てられ
　た）研究コミュニティのメンバーに新しい知見をもたらすかどうかに，実
　践研究としての意味と妥当性の問題を縮減することはできない。長期にわ
　たる実践と省察，それに基づく再構成とそのより慎重な長期的検証の積み

重ねが，実践の発展にとっても，また実践研究の妥当性への問いにとっても不可欠な条件となる。こうした根本的な条件が形成されることなく戦わされる方法論をめぐる議論は，結局はそれぞれの根拠の著しい制約を指摘しあうに止まらざるを得ない。

この立場は，C.アージリスとD.ショーンの行為理論（action theory）を検討する中で示されたものであるが，それ以前に，1961年のドイツ社会学会におけるC.ポパーとT.アドルノの報告に端を発する「実証主義論争」の展開を踏まえて見いだされたスタンスでもある。特に，この論争に1963年から関わり，『理論と実践』（1963），『社会科学の論理によせて』（1970），『認識と関心』（1968）といった著作も刊行していたJ.ハーバーマスの認識論・方法論研究は重要な参照軸となっており，その総括となる『コミュニケイション的行為の理論』（1981 = 1985, pp.166-168）での次のような把握に注目している（柳沢，2011，p.424）。

　　社会科学研究者は研究の焦点となる社会的な相互行為・コミュニケーションをめぐって単に「観察者」にとどまることはできず，そのプロセスへの「参加者」とならざるを得ない。傍観者として観察しうるのは，対象操作的行為に止まり，コミュニケーション的行為，コミュニケーションの中での了解過程については，それを理解しようとしてコミュニケーションの（仮想的ではあっても）当事者として文脈を追うことなしには把握しえない。

本稿でこの点に関する詳しい検討はできないが，この認識論自体は以前から広く知られていたものだろう。このような認識論に立ったとき，実践研究で用いることができる，あるいは実践研究の成果として示しうるエビデンスとしては，どのようなものが想定されるのだろうか。近代自然科学的証拠を主軸にしてしまうことには問題がある一方で，実践記録以外にはどのような選択肢が考えられるのだろうか。教育実践研究におけるエビデンスを問うことは，実践研究の方法論とともに，そこで前提となっている科学の認識論を問うことである。

108 第Ⅱ部 教育実践研究におけるエビデンスとは何か

＜引用・参考文献＞

・ 石井英真（2015）「教育実践の論理から『エビデンスに基づく教育』を問い直す：教育の標準化・市場化の中で」，『教育学研究』82（2），pp.216-228，日本教育学会.

・ 今井康雄（2015）「教育にとってエビデンスとは何か：エビデンス批判をこえて」，『教育学研究』82（2），pp.188-201，日本教育学会.

・ 内田良（2015）「教育実践におけるエビデンスの功と罪」，『教育学研究』82（2），pp.277-286，日本教育学会.

・ 遠藤貴広（2017）「地域の学校に根ざした長期実践研究とそれを支えるネットワークの拠点：福井大学教職大学院の取り組み」，石井英真編『アクティブ・ラーニングを超えていく「研究する」教師へ』pp.148-159，日本標準.

・ 遠藤貴広（2018）「『実践の中の理論』の探究を支える教員養成カリキュラムの構造：福井大学教育地域科学部の取り組みを事例に」，全国大学国語教育学会編『国語科教育における理論と実践の統合』pp.33-40，東洋館出版社.

・ OECD教育研究革新センター編著（2009）『教育とエビデンス：研究と政策の協同に向けて』岩崎久美子ほか訳，明石書店.

・ 大泉溥（2005）「日本の教育科学と教育実践記録の形成と展開」，『実践記録論への展開：障害者福祉実践論の立場から』pp.31-53，三学出版.

・ 大泉溥（2007）「実践研究の方法としての実践記録づくり」，『心理科学』28（1），pp.1-27，心理科学研究会.

・ 勝田守一（1972）「実践記録をどう評価するか」，『教育研究運動と教師（勝田守一著作集3）』pp.83-91，国土社.

・ 熊井将太（2016）「教授学研究における『エビデンス』の位置価に関する検討：ドイツにおける『可視化された学習』をめぐる議論を手がかりに」，『山口大学教育学部研究論叢 第3部 芸術・体育・教育・心理』66, pp.57-72.

・ 国立教育政策研究所編（2012）『教育研究とエビデンス：国際的動向と日本の現状と課題』明石書店.

・ 坂元忠芳（2007）「実践記録の学問的意味について」，『心理科学』28(1)，pp.28-43，心理科学研究会.

・ 坂元忠芳（1980）『教育実践記録論』あゆみ出版.

・ 清水義弘（1955）『教育社会学の構造：教育科学研究入門』東洋館出版社.

・ ショーン, D. A.（2007）『省察的実践とは何か：プロフェッショナルの行為と思考』柳沢昌一・三輪建二監訳，鳳書房.

・ ショーン, D. A.（2017）『省察的実践者の教育：プロフェッショナル・スクールの実践と理論』柳沢昌一・村田晶子監訳，鳳書房.

・ 竹沢清（2005）『子どもが見えてくる実践の記録』全国障害者問題研究会出版部.

・ 田中耕治（2013）「教育評価論としての『実践記録』」，『教育評価と教育実践の課題：「評価の時代」を拓く』pp.88-97，三学出版.

3 教育評価のエビデンスとしての実践記録　109

- 辻智子（2015）「記録と教育研究：社会教育実践の視点から」,『教育学研究』第82
  (2)，pp.265-276，日本教育学会.
- 中室牧子（2015）『「学力」の経済学』ディスカヴァー・トゥエンティワン.
- 西研（2015）「人間科学と本質観取」, 小林隆児・西研編『人間科学におけるエヴィ
  デンスとは何か：現象学と実践をつなぐ』pp.119-185，新曜社.
- 中澤渉（2018）『日本の公教育：学力・コスト・民主主義』中央公論新社.
- 中岡成文（2018）『増補 ハーバーマス：コミュニケーション的行為』筑摩書房.
- 成田克矢（1958）「実践記録の科学性をめぐって」, 国民教育編集委員会編『戦後
  教育問題論争：教育実践の科学化のために』pp.210-238，誠信書房.
- ハッティ, J.（2017）『学習に何が最も効果的か：メタ分析による学習の可視化 教師
  編』原田信之ほか訳，あいり出版.
- ハッティ, J.（2018）『教育の効果：メタ分析による学力に影響を与える要因の効果
  の可視化』山森光陽監訳，図書文化社.
- ハーバーマス, J.（1985）『コミュニケイション的行為の理論（上）』河上倫逸・フ
  リードリヒト, M.・平井俊彦訳，未来社.
- ビースタ, G.（2016）『よい教育とはなにか：倫理・政治・民主主義』藤井啓之・玉
  木博章訳，白澤社.
- 福井大学教育地域科学部附属中学校研究会（2010）『学び合う学校文化』エクシート.
- 福井大学教育地域科学部附属中学校研究会（2011）『専門職として学び合う教師た
  ち』エクシート.
- 福井大学大学院教育学研究科学校改革実践研究コース編（2006a）『学習過程への問
  い（学習過程研究クロノロジーⅠ 1987-1995）』.
- 福井大学大学院教育学研究科学校改革実践研究コース編（2006b）『実践コミュニ
  ティと省察的機構（学習過程研究クロノロジーⅡ 1996-2007）』.
- 藤江康彦（2017）「『エビデンスに基づく教育』に関する研究の動向」, 日本教育方
  法学会編『学習指導要領の改訂に関する教育方法学的検討：「資質・能力」と「教
  科の本質」をめぐって（教育方法46）pp.140-150，図書文化社.
- 藤田和也（2013）「書くことと分析・批評し合うこと：教育実践記録の意義」, 教
  育科学研究会編『講座教育実践と教育学の再生 2：教育実践と教師 その困難と希望』
  pp.211-230，かもがわ出版.
- ブリッジ, D.・スメイヤー, P.・スミス, R. 編著（2013）『エビデンスに基づく教育政
  策』柘植雅義・葉養正明・加治佐哲也編訳，勁草書房.
- 柳沢昌一（2011）「実践と省察の組織化としての教育実践研究」,『教育学研究』
  78(4)，pp.423-438，日本教育学会.
- 柳沢昌一（2015）「省察的実践者としての教師の協働探究を支える：学校拠点の専
  門職学習コミュニティとそれを支える省察的機構への展望」,『臨床教育学研究』3,
  pp.53-66，群青社.

110 第Ⅱ部　教育実践研究におけるエビデンスとは何か

4　特別支援教育の実践研究と　　エビデンス論

中部大学　**湯浅　恭正**

❶　はじめに

　教育実践の目標−評価論をエビデンス論として立論するためには，教育実践・指導方法の成果の可視化という客観的な指標と，教育実践の成立・展開につきまとう総合的な指標を視野に入れなくてはならない。特別支援教育[1] の専門の学会の一つでは「エビデンスに基づいた指導」を「ある一定の児童生徒集団に期待される成果を導くために，効果的に調整された研究によって明らかにされた明確な指導方法」としながら，他方では，「教育者は，自己の理念，個性，技能，専門的知見，とりわけ児童生徒の特徴やニーズあるいは地域の実情などに応じて，実践のレパートリーを創造すべきだ」と論じられている[2]。エビデンス論の探究は，特別支援教育の実践研究の立ち位置を省察する契機になる可能性があるのかどうかを含めて立論することが必要である。

　以下では，エビデンス論を意識しながら特別支援教育の実践研究の動向と批評を振り返り，この分野の実践研究に問われるテーマ群をいくつか考察する。

❷　特別支援教育でエビデンスが問われる背景

　特別支援教育の分野でエビデンス論が特に問われる背景は何か。第一に，2007年からの特別支援教育制度の開始がある。いわゆる発達障害のある子どもが通常学校においてどう適応できるのか，その成果が求められたからである。この動きに2012年の「共生社会の形成に向けたインクルーシブ教育システム構築のための特別支援教育の推進」（中教審）が拍車をかけた。障害特性に即

した多様な指導方法の開発と，その成果を証拠づける論考は枚挙に暇がない。しかし，この間の特別支援学校在籍者の数の増大を考えると，通常学校での特別支援教育のエビデンスとは何かを問わなくてはならない。

　第二には，特別支援教育の開始以降，困難さを抱える子どものニーズ，さらにはウォンツに応ずる指導のあり方が探究されるようになり，それは特別支援学校・学級，通常の学校・学級を問わず求められてきた。幼児期からの高機能自閉症の子育てを綴った記録[3]で，情に訴えるだけの手段ではなく，具体的な対応の方法をという保護者の切実な願いが語られているように，教師の熱意だけではなく，発達の可能性を見通した精緻な指導が必要である。先にあげた，多様な指導方法の開発が盛んになされてきた背景もここにある。

　しかし，「ニーズの重視」の議論には，指導＝サービスという考え方が底流にあり，サービスがどれだけニーズに応えられたかのエビデンスが求められてきた。そこには，学校教育への市場原理の導入と「サービスとしての教育」「消費者としての保護者」という発想，「教育商品」のいわば「効能書き」としての個別の指導計画を推進しようとする立場が見て取れる[4]。指導の成果とサービスの成果はどう異なるのか，学校における指導のエビデンスと，障害特性に特化した支援（サービス）のエビデンスの違いは何か，そして，エビデンスを志向する教師の専門性のあり方の違いが検討されるべきである。

　第三に，多人数の通常学級でのエビデンスとは何か，未だに設置基準のない特別支援学校での貧弱な制度（特別支援学校の保有面積充足率は通常の学校の2/3）のもとでのエビデンス，他方では，1979年の養護学校義務制実施以降にそれまで在宅だった障害の重い子どもの死亡率が減少したという事実など，エビデンスの評価は制度的枠組みを離れてあるのではない。教育実践の基盤である制度的課題を視野に入れたエビデンス論の検討が課題となる。

112 第Ⅱ部 教育実践研究におけるエビデンスとは何か

❸ 特別支援教育の実践研究・実証的研究をめぐって

（1）質的研究と量的研究

　教育実践研究の重要な対象の一つは，実践事例や記録であり，その研究には，
○個人の実践者の長い実践と省察の歩みを追う，○歴史的なアプローチから残
された記録や証言による実践とそのコミュニティの発展過程を再構成的に探る，
○長期にわたって持続的に展開されている実践の場，そのコミュニティに根ざ
して実践と省察の多重サイクルを内部から跡づける視点がある[5]。いずれも個
人や教師集団等のコミュニティが創造してきた実践過程を探究するものであり，
研究方法としては，個々のナラティブが結果としてどのように現実を構成して
いるかに注目する「構成主義的アプローチ」が主なものである。

　特別支援教育の実践研究においても，質的研究はエピソード記述による授業
研究[6]，ＧＴＡによる障害児の学校生活の実態調査研究[7] として蓄積されてき
たが，主要な動向は量的な実証的研究である。それは多岐にわたるが，授業指
導に限定してみると，主な動向は，通常学校・学級における発達障害児の指導
をめぐる研究であり，授業への参加行動を巡るものである。通常学級の授業参
加が困難な子ども（聞く姿勢や板書を写す行動など）に対してクラスワイドス
キルトレーニングによる支援方法を導入して，参加行動（参加率）に改善が見
られたことをエビデンスとして導き出す研究がなされてきている[8]。

（2）特別支援教育におけるエビデンスの捉え方

　エビデンスを重視した特別支援教育の実践研究は，（1）で述べたように教
育方法の成果を証拠づけるものが大半である。それはまた障害特性に即した多
様な指導方法や療法の成果を示す研究でもある。

　こうした動向の主要な要因は，わが国の実践（研究）が，教育目標の吟味に
本格的に向き合わないことにある。社会的な要請を踏まえるとはいえ，学習指
導要領に示された目標がそのまま実践の軸にされる現実は変わっていない。
1980年代に指摘された「障害児教育の目標論の探究は貧弱」という指摘[9] は，
なお今日の課題である。目指すべき目標が固定化され，その価値を問わないま

まに障害児の行動変容を証拠づけるエビデンス論が主要な動向である。

　これに対して赤木は，「行動化」「数値化」をエビデンスの絶対基準にすることによる教育目標の限定の問題，またエビデンスが示す有効性が望ましい有効性かを問わない問題として指摘し，「エビデンスがあるかないか」という二分法に陥りがちな問題を取り上げて，RCTを引き合いに出してエビデンスは連続体として捉えられるべきだとする[10]。

　教育目標への問いかけの弱さは，インクルーシブ教育の展開に沿って浮き彫りにされてきた通常学級での授業指導にも見られ，その典型は「ユニバーサルデザインの授業論」である。ユニバーサルな世界とは，そもそもユニ＝同じ方向を向くという意味を含み，同化主義の危険性を孕んでいる。インクルーシブ教育（授業）は，「差異と共同論」の探究を課題とする[11]が，それを教育目標や内容の次元で検討することが必要である。インクルーシブ教育のエビデンスを問う上で，目標や内容を固定して捉え，そこに到達するための技法の有効性を証拠立てるだけでは限界がある。10年近く前に「指導や支援の場では，そろそろ何を指導（支援）するのかといった段階から，どのようにして効果的で，当事者や周囲にとって満足のいく結果を提供するかといった段階へ移る必要」が指摘されていたが[12]，こうした捉え方が目標や内容論への探究を弱くしている。

❹　エビデンスを意識した特別支援教育の実践研究に問われるテーマ群

（1）教育実践研究の軸とエビデンス論

　教育実践は創造的性格を持ち，「子ども理解 − 実践の方針 − 実践による成果（事実）を踏まえた子ども理解」というサイクルで展開される営みである。「教師は実践のあり方を創造的に探究し，教えることによって，そのもとで活動し，あらたな発達をかちとっていく子どもをつかみ，さらにつかみ直し続けるべきだ」[13]とする教育実践の営為には教師の専門性が問われる。障害・発達・生活を視野に入れた実践を行えるのは，かなり力量のある教師である。ベテラン

114　第Ⅱ部　教育実践研究におけるエビデンスとは何か

の教師だけが有効なエビデンスを残すことができるとされる傾向にある。

　これに対して，量的研究の軸である子どもの行動変容を成果として示す傾向は，ベテランでなくても，量的研究の知見に従って指導すれば有効なエビデンスが得られるはずだという考え方に支えられている。教育実践が指導者の「判断や決定」に依拠する営みであるといいつつ，その過程が独断・主観に陥るとする議論が，実証的研究の潮流を支えている。このような潮流・動向に対しては，それが教師の専門性を狭め，アートとしての指導技術論や教育実践の自律性・自由度を弱くするものだと批判される。そして，専門家が望ましいとする規範的判断からなされる「エビデンスに基づく教育」への批判が，「悪くすれば，学校や教師の旧態依然の権威を擁護する議論になってしまう恐れがある」と指摘される14)。

　特別支援教育の実証的研究への批判は，量的研究と質的研究の対比の中で展開される傾向にある15)。このエビデンス論の動向は，一般にも「『実践とデータの往還』によって統計学的に発見すればよいという考え」に陥るエビデンス論批判として指摘されている16)。しかし，量的研究は「複雑多様な現実を単純化し法則化できる」意義を持つ17)。特別支援教育の量的研究の特徴の一つは，調査研究である。例えば通常学級での発達障害児の支援に必要な視点を解明する研究では，「友達とのトラブル」をめぐる困難さ・教科指導では国語と算数の困難さとそれに対応する専門的な指導法の工夫が必要な視点として結論づけられている18)。こうした研究は多数あるが，現代の教育に必要な支援の方向を大枠で示す研究としては妥当だといえよう。今盛んに議論されている特別支援コーディネーターや校内委員会をめぐる全国的な動向の調査研究19)は，この分野の大枠を把握する上で実証的価値のある研究だといえよう。その成果は，政策や教育条件の整備に対して有効な根拠を明示するという点で意味がある。外国においても「エビデンスに基づく教育」の可能性が「学校の授業等が特別なニーズの質を保障し，高めていくための実証的認識を得ること」と指摘されている20)。

　そこで問われるのは質的研究にどう量的研究に見られる教育方法を位置づけ

るかである。行動化や数値化に見られる研究への対抗として赤木は「子どもの視点から行動の意味を考える」「行動的数値化から具体的言語化へ」という視点を提起する[21]。このような子ども理解や教育方法の質的研究を進める上で，行動主義的教育方法とその成果を示す研究はどのような意味を持つのか。

茂木は「集団活動の保障や人格の形成等々を含む教育学的発想に立つ実践展開の中に，行動主義的手法をどう位置づけ，効果的な方法として活かすことができるか」を問いかけている[22]が，先に紹介した実践研究の主要な動向への批判とともに，こうした実証的研究にみる教育方法を教育実践にいかに位置づけるかが吟味されねばならない。

応用行動分析に立つ実践論では，子どもの状況要因の分析，行動の前（きっかけ），行動，行動の後（対応とその結果）という分析ワークシートによって実践が研究されてきた[23]。通常学級の授業に参加できにくい子どもの参加を支援する研究の一環であり，教師はワークシートによってエビデンスを出すための指導の見通しを持つことができる。茂木も「（技法などの－引用者）意義を認めるとすれば，（中略）教師の賞賛等の意識性，継続性を強める手段としての有効性に着目してもよい」として，応用行動分析による技法の可能性を指摘する[24]。とはいえ，行動療法等の訓練プログラムについて「プログラム適用の意義を認める場合でも，教育実践の営みの全体の中で子どもに形成された行動の能力を再構成して実用化する努力が，相当に自覚的になされなければならない」と留保する[25]ように，教育実践全体の視野から，量的な実証研究が評価されることを見逃してはならない。なお，本稿では特別支援教育で用いられる多様な技法・療法に正面から立ち入ることはできないが，療法の投入とその結果が，価値目標や教材のあり方に対して示唆を与えるのであり，発達研究を実践研究と結びける展望を持つことが必要になろう[26]。

(2) 子ども像・指導につなぐエビデンス

特別支援教育のエビデンスでは通常の教育にもまして「自立と発達」というキャリア形成の課題が重視されてきた。筆者が関与している特別支援学校では，キャリア教育を重点にして，「自立活動」の領域を中心に，学校からその後の

社会生活・家族生活での子どもの姿を想像した取り組みを進めている。

そこでは子どもの行動変容を年間を通してチェックし，子どもの発達の姿が証拠づけられている。経年的な変化をエビデンスとして残していくことは障害児の教育では重要な取り組みである。そこで必要なのは，エビデンスが示された指導の事実とその総括であり，また描き出した将来の姿の根拠である。ここにエビデンスを指導論や子ども像の探究といった実践の解釈と結びつける意味がある。

特別なニーズのある子どものキャリア形成は，長期間にわたって取り組まれる。被虐待の体験から学校に不適応状態にある小学生を巡って学校全体が教育実践の方法や基準を模索し，しだいにその子が学校に居場所を発見する過程を総括した記録[27]には，支援学級や保健室を居場所にしながら長期にわたって指導する意義が描かれている。この記録には，学校とその子との関係性の発展が生み出した一定のエビデンスがある。子どものキャリア形成にはこうした長いスパンで肯定的にも否定的にも現れる事実をエビデンスとして評価する対応が求められる。障害のある子どもだけではなく多様な困難さを抱える子どもについて，レジリエンス論が盛んに議論され，この探究には，量的な実証研究として[28]，回復体験を規定する因子を調査によって解明するもの等がある。量的研究の成果は，子ども理解・学級づくり・学校づくりの研究の基盤になろう。

(3) 特別支援教育の授業研究とエビデンス

特別支援教育－障害児の教育実践は，戦後の学習指導要領に沿った生活単元学習等の指導形態の議論，そして1960年代後半からの教科指導のあり方についての議論等を経て1980年代になって授業実践が本格的に取り上げられるようになってきた。しかし，それ以降，量的な実証的研究が多数を占め，質的研究（エピソード記述研究や教授学的研究）はわずかである。先に述べたように量的研究と質的研究は二分されるものではない。この点で生活単元学習の二つの授業実践を比較して「児童の行動のカテゴリー」と「児童の行動に対する教師の受け止めのカテゴリー」それぞれの生起状況を量的に示し，優れた授業に必要な視点（教材，ストーリー性，教師と子どもの関係性等）を抽出しようと

4　特別支援教育の実践研究とエビデンス論　117

した論考[29]は，通常の教育での授業分析のカテゴリーを援用して授業過程を
チェックし，優れた授業過程を「可視化」するエビデンスを意識したものであ
る。

　障害児の授業論では目標論の探究が弱いとはいえ，「目標と評価」を鮮明に
して可視化する傾向が強い。例えば障害の重い子どもの教育目標について，「学
習到達度チェックリスト」を作成して，「自分の名前を呼ばれると，返事をす
る」という曖昧な目標に対して，「○○チャンと言いながら手を差し出すと手
をつかむ」という目標を，根拠のある行動として評価するというものである[30]。
具体的な行動の根拠−エビデンスを示すことに重点が置かれ，それをチェック
する授業研究の意義が語られている。こうした傾向に対しては，「チェックリ
ストをより細かくすればするほど，子どもの行動は要素化されて，子どもにと
ってある行動をすることの意味がみえにくくなる」とする批判がなされてき
た[31]。

　むろん障害に即してより精緻に子どもの行動と指導のあり方は吟味されなく
てはならない。筆者は，重度の障害児に対する「誘い」と「表出」のカテゴリ
ーを作成した共同研究[32]を進めてきたが，そのデータは授業過程での大まか
な傾向を分析する資料としての意味を持つ。それを土台にするからこそ，授業
過程の質的研究は深まる。その意味でも，チェックリストでの証拠をどう授業
過程の改革に活かすのかが，いっそう問われている。

　重度障害児の授業実践の成果は容易には測定しにくいが，発達課題を鮮明に
しつつ，子どもが見せる能力の発揮を授業過程で見取り，意味づけていく教師
の力がポイントになる。そこには単に障害の重い子どもの定位活動ができるか
どうかという証拠ではなく，定位活動に向かう子どもの内面の育ちを引き出す
指導が不可欠である。「授業や生活の中で発達課題に目を向けて継続的，意図
的に働きかけ，発信をていねいに受け止める」という視点[33]を持つためには，
子どもの発達の事実（価値）を意味づける作業が求められる。その意味で石井
の「量的データの系統的な収集・分析以上に，実際の子どもの表情・行動やノ
ートの記述などから学習の質を多面的に具体的に解釈することが意味を持つ」

118　第Ⅱ部　教育実践研究におけるエビデンスとは何か

という指摘[34)] は，特別支援教育の実証的研究に課せられた重要な論点である。

❺ 実践の協働とエビデンス
―「エビデンスに基づく教育」から「実践に基づくエビデンス」へ―

　以上いくつかの視点から特別支援教育に問われる実践課題とエビデンス論を述べたが，そこで要請されるのは実践の協働である。子どもの困難さとともに教師の指導困難の状況[35)] にいかに協働して対応するのか。この協働を支えるのは「批評の論理」である。石井によれば，批評は語源的にも境界線を引くことにあるが，境界線を引くという「批評」的実践の外部には，その指針となる方法や基準は存在しない[36)]。「批評」的実践とそれを通じて提起される理論的・実践的課題の解決自体が，真理に到達する過程である。そのことは，直観等に頼る教育の構想ではなく，社会的に認知された次元でのそれが求められるとしつつ，教師による決定や出会いなどは教育活動には不可欠であり，反省的・応答的に行為する構想の意義として指摘されている[37)]。

　このように考えると，教育実践研究において必要なのは，実践の価値を問うための方法や基準自体を検討し，そこから提起される課題について探究する批評の過程と，それを組織化する協働である。協働については，実践のコミュニティ自体を対象化し，コミュニティの境界を意識しながら対話と協働による意味生成が必然となる探究の必要性が提起されている[38)]。教育実践を探究する共同体そのものの在り方を問い直すことが課題となる。「生徒本人や保護者の『思い』等を『ナラティブ』としてわれわれ教員が共有するためには，生徒本人の実態に対する客観的・実証的なデータ，すなわち『エビデンス』の把握と開示が不可欠」とされる[39)] が，共有する過程にどう「批評の論理」が意識化されているのだろうか。共同体内部での実践解釈に閉じられた探究，他方では，教育実践に対する立場の対立・批判（それは互いの立場の批判＝攻撃とその裏返しとしての悪しき相対主義）に陥る問題を見逃してはならないからである。

　障害の重い子どもの教育の評価には特にこの批評の論理が求められ，「教育

実践に基づくエビデンス」論の意義が説かれている[40]。特別支援教育の実践
と研究には，いわゆる通常の教育との差異によって特殊な分野として展開して
きた歴史がある。それだけに，教育方法学が蓄積してきた「教育の方法や技術
をめぐる原則を，今日の状況や文脈の中で経験的なエビデンスとともに検証し
ていく」[41] ことによって，特別支援教育における新しい実践研究の知が生成
できるのではないか。

「エビデンスに基づく教育」の議論は，結局のところ，「エビデンス」に囚わ
れることになる。教育実践の批評とは，問題の解決を安易に出すのではなく，
実践に基づいて子ども理解や指導の事実についての仮説を温めて，今日の時代
精神と対峙しながら，「何のためのエビデンスか」を問いかける協働の営為を
推し進めることである。

特別支援教育は，多様なニーズを持つ子どもを対象にしているだけにトータ
ルな支援を視野に入れた実践が必要である[42]。そこでは多職種が越境して子
ども理解と実践の方向を展望する協働が強調されている。子どもの発達と自立
の事実をエビデンスとして評価するトータルな実践論が模索されているが，こ
うした過程そのものを協働の実践論として議論することによって，エビデンス
を多角的に評価することができる。

さらに障害のある子どものキャリア形成を考える上で，乳幼児期の特別ニー
ズ保育論が示してきた実践の成果がどう学齢期に引き継がれていくのか，また
学校卒業後の障害児の姿には学校教育の指導に欠けている課題がより鮮明に示
されている。こうした意味で，特別なニーズのある子どもへのトータルな視点
からエビデンスを議論する必要性がある。

＜注・文献＞
1) 世界の動向は「特別ニーズ教育」だが，本稿では「特別支援教育」として論じている。
2) 日本 LD 学会第 17 回大会特別シンポジウム 1（2009）「エビデンスに基づいた教
育方策」，『LD 研究』18（1），p.3，日本 LD 学会.
3) 高城寛志・星河美雪編著（2005）『高機能自閉症の子育てと療育・教育：発達と
障害の視点から』pp.103-104，クリエイツかもがわ.

4) 越野和之（2015）「教育実践の市場化・商品化の動向と教育実践研究の課題」,『障害者問題研究』43（3）, pp.162-169, 全国障害者問題研究会.

5) 柳沢昌一（2011）「実践と省察の組織化としての教育実践研究」,『教育学研究』78（4）, pp.423-438, 日本教育学会.

6) 垂髪あかり（2009）「絵本の読み聞かせによるある重度・重複障害児の『笑顔』獲得過程とコミュニケーション」,『SNEジャーナル』15（1）, pp.211-225, 日本特別ニーズ教育学会.

7) 鈴木あかり・八幡ゆかり（2008）「居住地校に在籍する重度・重複障害児の学校生活実態と課題―母親へのインタビューのグラウンデッド・セオリー・アプローチ質的分析を通して―」,『SNEジャーナル』14（1）, pp.64-89, 日本特別ニーズ教育学会.

8) 梶正義・藤田継道（2006）「通常学級に在籍するLD・ADHD等が疑われる児童への教育的支援」,『特殊教育学研究』44（4）, pp.243-252, 日本特殊教育学会, 等。

9) 座談会「障害児教育実践における教育学研究の課題」での窪島務の指摘（1982）『障害者問題研究』29, p.53, 全国障害者問題研究会.

10) 赤木和重（2014）「心理学からみた特別支援教育におけるエビデンス」, 三木裕和・越野和之・障害児教育の教育目標・教育評価研究会編著『障害のある子どもの教育目標・教育評価』pp.54-69, クリエイツかもがわ.

11) インクルーシブ授業研究会編（2015）『インクルーシブ授業をつくる』ミネルヴァ書房.

12) 加藤哲文（2008）「応用行動分析の考え方と方法」,『発達』29（115）, p.37, ミネルヴァ書房.

13) 茂木俊彦（1984）『教育実践に共感と科学を』p.31, 全国障害者問題研究会出版部.

14) 今井康雄（2015）「教育にとってエビデンスとは何か：エビデンス批判をこえて」,『教育学研究』82（2）, p.192, 日本教育学会.

15) 川田学（2015）「心理学的子ども理解と実践的子ども理解」,『障害者問題研究』43（3）, pp.178-185, 全国障害者問題研究会.

16) 松下良平（2015）「エビデンスに基づく教育の逆説」,『教育学研究』82（2）, p.211, 日本教育学会.

17) 田中真理（2015）「質的研究の進め方」,『日本特殊教育学会第52回大会発表論文集』

18) 上里詩織・玉城晃・神園幸郎（2015）「通常学級に在籍する発達障害のある児童への教育的支援のあり方に関する調査研究」,『琉球大学教育学部』7, pp.31-42, 琉球大学教育学部附属発達支援教育実践センター.

19) 例えば, 田中雅子・奥住秀之（2014）「小・中学校における校内支援体制に関する調査研究：特別支援教育コーディネーターを対象に」,『SNEジャーナル』20（1）, pp.131-146, 日本特別ニーズ教育学会.

20) Bodo Hartke, Yvonne Blumenthal, Stefan Voβ:Evidenz basierte （sonder-）

pädagogigische Praxis-Grenzen und Chancen, In, Sonderpädagogische Förderung heute,2017/4,S.381.

21）赤木，前掲論文.

22）茂木俊彦（2013）「教育実践における心理学的な診断と治療法の位置づけ」,『障害者問題研究』41（3），p.167，全国障害者問題研究会.

23）古田島恵津子（2008）「通常学級での授業参加率を高める支援」,『発達』29（115），pp.45-51，ミネルヴァ書房.

24）茂木俊彦（2000）「障害児の心理学的治療・訓練と教育指導」,『障害者問題研究』28（3），p.206，全国障害者問題研究会.

25）茂木，同上論文，p.206.

26）白石正久（2016）「重症児と『一歳半の節』」,『障害者問題研究』44（2），pp.106-113，全国障害者問題研究会の提起を参照。

27）湯浅恭正ほか編（2011）『子どものすがたとねがいをみんなで』クリエイツかもがわ.

28）原郁水・都築繁幸（2015）「小学5年生のレジリエンスと回復経験との関連」,『日本教育保健学会年報』23，pp.25-32，日本教育保健学会.

29）別府悦子（1997）「重度・重複障害児教育における授業分析の試み」,『SNEジャーナル』2（1），pp.30-57，日本特別ニーズ教育学会.

30）徳永豊編著（2014）『障害の重い子どもの目標設定ガイド』p.38，慶応義塾大学出版会.

31）木下孝司（2013）「発達保障における発達診断の方法の検討」,『障害者問題研究』41（3），p.172，全国障害者問題研究会.

32）湯浅恭正ほか編（2008）『特別支援教育のカリキュラム開発力を養おう』黎明書房における，堺るり子の実践（pp.44-45）を参照。

33）櫻井宏明（2013）「重度重複障害児の授業づくりのための発達診断」,『障害者問題研究』41（3），p.219，全国障害者問題研究会.

34）石井英真（2015）「教育実践の論理から『エビデンスに基づく教育』を問い直す―教育の標準化・市場化の中で―」,『教育学研究』82（2），p.221，日本教育学会.

35）別府悦子（2013）『特別支援教育における教師の指導困難とコンサルテーション』風間書房.

36）石井潔（2012）「クリティシズムとしての哲学―『方法』から『批評』へ―」,『日本の科学者』47（2），pp.92-97，日本科学者会議.

37）Bodo Hartke, u. a.：a. a. o., s.381.

38）宮崎隆志(2014)「実践者と研究者の協働研究の可能性：学童保育実践との関連で」,『子ども発達臨床研究』5，pp.13-19，北海道大学大学院教育学研究科附属子ども発達臨床研究センター.

39）藤田裕司（2008）「ナラティブとエビデンス：二つの『計画』をつなぐもの」,『障

害児教育研究紀要』31，p.31，大阪教育大学教育学部特別支援教育講座.

40）Lars Mohr, Martin Venetz:Evidenzbasierung in der Pädagogik bei schwerster Behinderung, In, Sonderpädagogiche Förderung heute,2017/4,S401.

41）深澤広明（2014）「教えることの『技術』と『思想』─教育方法の原理的考察─」，深澤広明編『教師教育講座　第9巻　教育方法技術』p.19，協同出版.

42）例えば，浦崎武・武田喜乃恵編（2016）『発達障害のある子どもとともに楽しむ＜トータル支援＞と海を活かした教育実践：自立活動の授業実践と集団支援を通して＜向かう力＞を育む』協同出版.

付記）本稿の実践研究論の一部は，湯浅恭正（2014）「教育実践の研究方法をめぐる論点」，『SNE ジャーナル』20（1），日本特別ニーズ教育学会で述べている。

5 教育方法学は教育実践をどのように語るのか
―詩的・物語様態の定性的データに基づく省察と叙述の可能性―

北海道教育大学 **庄井　良信**

❶　問題設定

　これまで私たちは，教育方法学において，自己や他者の教育実践をどのように語ってきたのだろうか。また，どのように語っているのだろうか。構想－実践－省察という一連の省察的実践（reflective practice）のサイクル[1]の中で，あるいは実践の理論化・概念化というプロセスの中で，教育方法学は，唯一性のある共約不可能な教育実践をどのように語りうるのだろうか。

　教育方法学の実践研究において，もっとも日常的に活用されているデータの1つが，教育実践に関する語り・物語（narrative）[2]である。それは，日常的な経験の語り・物語であることもあれば，特定の条件下における非日常の経験の語り・物語であることもある。それが語られる宛名は，身体をもって臨在する他者であることもあれば，不特定多数の他者であることもある。いずれにしても，教育方法学にとって，もっとも原初的で日常的な研究媒体の一つは，教育実践に関する語り・物語である。

　今日，この教育実践における語り・物語の研究は二極化しつつある。一方で，それは語り手の権威ある言葉や数量化された記号によって正当化され，単一的な解釈へ誘掖する幻惑的言葉の媒体（騙り）としての性格を強めている。他方で，教育者たちが交わし合う教育実践の語り・物語の多くは，語り手と聴き手（読み手）との間の相互的な意味創造を媒介してきた「叙事詩」[3]のように，その本質において詩的で文学的・文芸的な性格を保持している。

　2010年代の後半以降，OECDの中のいくつかのプロジェクトが主導する形で，世界の国々において，近未来社会に必要とされるコンピテンシーの指標開発に

定位された教育改革が推進されている[4]。この潮流に呼応するように，教育方法学においても，定量的データに基づくエビデンス・ベースの教育実践・政策研究[5]への関心が高まっている。これらの研究では，ある制約された条件下において遂行された実践の影響，成果，効果が可視化され，検証されやすい。また，これらの研究は，新しい公共政策（NPM）に伴う設計主義の理念や，PDCAサイクルによる循環的評価システムとの親和性も高い。

　一方，このような定量的エビデンスに基づく実践・政策研究において周縁化されやすいのが，物語様態の思考様式[6]で語られ，叙述された定性的データである。そして，この思考様式を刻々に媒介しているのが文学的・文芸的な形象や表現で語られる詩的言語[7]である。この詩的言語は，教育実践のリアルで深い省察活動の端緒として機能し，その過程を触発しつづけ，その帰結としての叡智（$\sigma o \phi i a$）や思慮深さ（$\phi \rho o v \eta \sigma i \zeta$）[8]へと結実させる際に，極めて重要な役割を担っている。

　この詩的言語は，具体的な教授や訓育の方法を，リアルな実践の困り事に立ち止まり，新たな実践を構想していくデザイン実験[9]において中心的な役割を果たしている。それは，詩的言語が日常生活の未来を構想する詩学[10]としての機能を有しているからである。その意味で，新たな実践を構想するデザイン科学としての教育方法学において，詩的・物語様態の思考様式が有する潜在的な可能性には計り知れないものがある。

　本稿では，初めに，これまで教育方法学研究において，ある歴史的，社会的，文化的諸条件のもとで省察された教育実践が，詩的・物語様態の定性的データを活用して，どのように語られてきたのか，という問いを探究したい。そのうえで，今日，このように詩的でナラティブな定性的データを活用した省察的実践に潜在している教育方法学研究の可能性と課題について，内外で試みられている教師教育実践の事例を手がかりに考察したい。

5　教育方法学は教育実践をどのように語るのか　125

❷　省察的実践の淵源と詩の言葉

(1) 被る体験と実存的な問い

　古来，人間をケアし育む立場にある人びと（教育者）には，生活のさまざまな局面において，立ちどまり，自問しなければならない問いがあった。それは，日常生活において，あるいは危機的状況において，自分たちの社会・共同体で育ちつつある子ども（学習者）に，何を，何のために，そしてどのように教えたらよいのか，という実存的な問いであった。

　人類の歴史において，このような問いが生まれたのは，人間が，人間を教えるという営みにおいて，何らかの困り事に直面し，それを他者と共に表象化しつつ探究する必要が生まれたからである。この問いを探究するために，人類は日常生活の中で，教育実践の当事者として，何らかの困り事を，何らかの形で語りあいながら，教育方法学の概念を探索してきた。その場が学校であれ，学校外であれ，人間は，誰もが一人の教育者として，ときには教育方法学の研究者として，自己／他者の教育実践の困り事に立ちどまり，それを語り，語り直し，生き直してきたのである。

　人間において語り・物語の機縁が生まれるのは，その人間にとって解決することが難しい，予想もできなかった出来事に遭遇し，その意味を探索しながら解決を図ろうとするときである。ヴィゴツキー（Vygotsky, L. S.）が情動体験（переживание／ perezhivanie）[11]という概念で探索しようとしたように，人間は，外界から被る―その多くは予期せぬ―体験を，他者と共有しうる語り・物語という記号（表象）へと転換しながら生きる存在だからである。

　教育者が，被り・苦しんだ体験と，それを受けとめながら生きてきた一連の意味深い体験の物語は，多くの場合，ストーリーのある寓話や逸話を伴って語られてきた。その物語は，他者として臨在している人びとによって聴きとられ，語り合われ，新たな教育方法の叡智として新生され，実践共同体の活動システムの中に暗黙知として埋め込まれていった。このように，教育方法学は，その学問の淵源において，教育実践の総体を，寓話，逸話，談話，教育詩などの，

126　第Ⅱ部　教育実践研究におけるエビデンスとは何か

詩的で文学的・文芸的形式を伴う語り・物語を定性的データとして記録し，再帰的に省察し，新たな理論の構築を試みてきたのである[12]。

(2) 間テクスト性と意味深さ

　このように語り・物語様態を活用した教育実践の省察と探索は，教育方法学の古典的テクストのなかにも埋め込まれている。

　例えば，ルソー（Rousseau, J. J.）は『エミール』において，架空の子どもとして描かれたエミールの教育について，ときには直接的な教育者として，ときにはその教育者に伴走する研究者（教育者を俯瞰しつつ教育する他者）として，自己／他者の教育実践を，探究的で物語的な叙述様式で語っている。同様に，ペスタロッチ（Pestalozzi, J. H.）も『シュタンツ便り』で，教育者の苦悩や葛藤を織り込みながら，自らの教育実践を探究的で物語的な叙述様式で語っている。マカレンコ（Makarenko, A. S.）においては，苦難の絶えなかった自らの教育実践の省察と探究が，文字通り『教育詩』として綴られている。

　これらの古典では，自らの教育実践を俯瞰する「観」の眼差しをもって，自らの語りが，語り直されている。ルソーも，ペスタロッチも，マカレンコも，自らの教育実践を「蟻の目」で探索的に語り，それを「鳥の目」で俯瞰する視点で語り直すことを通して，自らの教育者としての人生の物語を編み直している。それと同時に，私的な一人の人間としての自らの人生の物語（ナラティブ）も編み直している。

　戦後日本の教育方法学においても，教育実践者の詩的言語による語りや，その語りに依拠した（あるいはその語りを俯瞰しながら省察した）研究者の詩的言語が複雑に織り込まれている。現代の教育方法学の古典として読み継がれている東井義雄や斎藤喜博の教育実践においても，彼らの教育実践の自己語りやその省察的な語りが，物語的性格の強いテクストとして織り込まれている。そして，彼らの語りが，それぞれの研究者の問題関心から解釈され，読み手の対話に開かれた間テクスト性（intertextuality）[13]のある詩的物語として編み直されている。

　こうした内外の詩的物語として厚い（意味深い）テクストは，教育方法学で

5　教育方法学は教育実践をどのように語るのか　127

も，語り・物語的な定性的データとして，学問的探究の対象になりつづけている。さらに，クランディニン（Clandinin, D. J.）たちの近年のナラティブ・インクワイアリーを重視する研究[14]では，教育実践の語り・物語という織物に，育ちの当事者としての子ども（学習者／学修者）の語り・物語も編み込まれ，教育実践の語りは，いっそう厚みを増して編み直されている。こうしたナラティブ研究が，教育方法学における語り・物語様態の定性的データに基づく探究・研究とその叙述に影響を与えつづけている[15]。

❸　詩的多声楽による物語の紡ぎ合い

（1）知的探索の演劇舞台

　教育実践は，ある文化を歴史的に形成しつづけている活動として，ある社会・共同体（集団）—具体的な教室，学校，地域，家庭など—を舞台に展開されている。その一期一会の舞台において演者として登場するのが，固有名のある学習者と教育者である。その意味では，授業もまた，固有名のある子どもたちと固有名のある教師とが，その学び合いに欠くことのできない演者として，出会い直し，学び直していく演劇の舞台である。

　例えば，授業という学び合いの場では，身体と身体とが響き合い，出会い，対話しながら，知的探究の演劇が構成されている。叙事詩，抒情詩，詩劇のように展開する授業という舞台には，子どもという演者（actor/player）もいれば，教師という演者兼演出家（director/co-player）もいる。さらには，その一回性の演劇の監督（supervisor）もいれば，その共約不可能な演劇作品を，多様な角度から評価し，意味づける批評家もいる。

　このように知的探究の演劇としての省察的実践を，語り・物語様態の定性的データを活用しながら研究しているのが，フィンランドで開発されているナラティブ・ラーニング（以下「NLG」）と，ピア・グループ・メンタリング（以下「PGM」）である。以下では，これらの試みと，約15年間に亘って筆者が臨床的に参画研究している生徒指導のナラティブ・カンファレンス（以下「NC」）

128　第Ⅱ部　教育実践研究におけるエビデンスとは何か

の概要を紹介し，共約不可能な教育実践を詩的・物語様態で探究する可能性について考察したい。

(2) 物語プロットの協働探索

　一般にNLGは，虚構を伴う遊び・演劇の世界（play-world）において，そこに参加する人びとが，それぞれの自己物語のプロットを，文化の探索と創造という物語のプロットに投影しつつ，新たな意味を創造し合う学習様式である。これは，遊び・演劇空間において，そこに参加する人びとの自己物語を聴き合い，語り合うことを通して，既存の社会や共同体における物語のプロット（narrative plot）を協働で更新しつづける学習様式でもある[16]。

　ここでいう虚構場面とは，みたて遊びやつもり遊びが発展した「ごっこ遊び」のように，現実からいったん離れて想像で創り合う場である。遊び・演劇の世界とは，プレイという言葉の原義がそうであるように，遊びであると同時に演劇でもある世界である。プレイから派生した遊びも演劇も，対象あるいは他者との間に，自分の身体を響き合わせつつ表現し，自己の存在をかたどる活動という特性を持っている。

　NLGにおいて教師教育者には，虚構の演劇空間において，ある文化と出会って協働で生成されるストーリーの参加者であることが求められる。それと同時に，教師教育者には，その多声楽的に生成されるストーリーの演出家であることが求められる。さらには，それらをメタ認知し，人間発達援助というドラマの総合監督になることも期待されている。NLGという学習環境において，教師教育者は，ある文化のプロットに触れて，それぞれの自己物語を紡ぎあう学習活動の構築に，みずから参加し，その活動を演出し，その演出活動全体を俯瞰して自己の教育活動を省察することが求められる[17]。

(3) 対等・平等な関係構築

　フィンランドの教師教育実践として構想されたPGMは，大学・大学院における教育実習等で，教育実践を経験した学生（学修者）と教師教育者（メンター）が，理論的・実践的知識の協働的な探究者として対等・平等な関係（peer-interaction）を構築することを通して，それぞれの専門性を高度化することを

めざした教師教育実践である。この場合，対等・平等（ピア）な関係性は，教師教育者と学修者との間だけでなく，学習経験に差異がある学修者どうしの間でも探究される。いずれの場合も，一方向の啓発的なメンタリングではなく，双方向の相互啓発的なメンタリングを志向するところにフィンランドのPGMの特徴がある（**図1**）[18]。

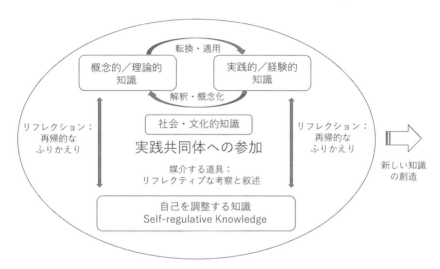

図1　教育学におけるピア・グループ・メンタリング（PGM）の構図
（Kemmis & Heikkinen, 2012, p.25 に基づいて作成）

　PGMでは，次の三つの位相で省察的実践の「語り口」が変容することが期待されている。一つ目は，話者（語り手）の独話的な語り口が揺さぶられ，対話的で多声楽的な語り口になることである。ある話者（語り手）の内側で閉ざされた語り口が，他者へ開かれた語り口となり，さらには，その語り口そのものを俯瞰してメタ認知する語り口も介在してくる。二つ目は，話者（語り手）の独善的で啓発的な語り口が問いなおされ，相互の存在論的承認を前提とした，多元的で価値探究志向の強い語り口になることである。三つ目は，一方向的な情報伝達志向の語り口が崩され，双方向的な情報媒介志向の語り口になること

130　第Ⅱ部　教育実践研究におけるエビデンスとは何か

である。それは，ある状況における出来事を，登場人物の内の目と外の目から
とらえ直し，読者自身があたかもその場に居合わせたかのようなイメージ体験
（共体験）をする文学的・文芸的な語り口に開かれている。

　教師教育におけるPGMの実践は，フィンランドで創発されたオープン・ダ
イアローグ（以下「ODG」）と類似している。PGMも，ODGやNLGと同様に，
フィンランドという歴史と文化を背景に，その地域社会で醸成された概念であ
る。これらのコンセプトは，ヴィゴツキーやバフチン（Bakhtin, M. M.）そし
てフーコー（Foucault, M.）などの思想や哲学を背景理論としている点でも共
通している[19]。

(4) 多声楽による実践総体の再設計

　筆者は，2004年以降，生徒指導における物語様態のカンファレンス（NC）を，
北海道教育大学大学院・学校臨床心理専攻の特別演習等において試行してき
た[20]。この演習は，通常は夜間の時間帯に札幌駅前に設置されたサテライト
教室において行われた。毎回の受講生は，4から8名程度である。その構成は，
現職教員（5割），心理職・福祉職等の専門職として働く社会人（3割），学部
卒業直後の学生（2割）であった。

　その概要は，次の通りである。まず，受講生は，自分が過去に観察・感受し
た教育経験—その多くは困難を伴った生活経験—に基づいて，自己の体験を一
つの逸話（エピソード）として語り直す。その場を共有する参加者は，その語
り手の語り・物語を，無条件の肯定的関心をもって傾聴し，原初的なイメージ
言語（詩的言語）で語り手に問いかける。

　その際，安心と安全が保障された学習環境のもとで，筆者（大学教員）が教
師教育者としてもっとも配慮していることは，ある語り手の複雑な教育経験を
傾聴している受講者が，語り手の語りを啓発的に批評することなく，また，無
関心に傍観することなく，語り手と聴き手が，あたかもその語られた出来事の
場にいるかのような臨場感を持って追体験（文芸的なイメージ体験）[21]できる
ような環境を演出しつつ構成することである。

　このNCにおいて，教師教育者（筆者）は，ピアな関係性を構築しながら擬

似演劇舞台を演出し，参加者どうしが，原初的な言葉あるいは身体的な言葉としての性格が強い詩的言語を交わし合い，その聴き合いと語り合いを組織している。例えば，NCにおいて筆者は，次のような約束事のもとで，多声楽的な対話を演出し，複雑な教育実践の総体を再解釈し，再設計（リデザイン）できるように舞台演出を行っている。

それは，「聴き手は，語り手によって物語られている登場人物の理解に意識を集中し，物語る人の指導や支援の在り方への価値づけは一旦保留すること」，「語られている他者としての登場人物がそのとき感受していたと推察される生活世界を，わかりはじめた複数の文脈のなかで想像してみること」，「語り手を教育的に説論したり，自分の狭い価値観で評価したりすることは厳に謹んで，その語り手の経験を追体験しつつ理解するための『問い』を大切に交流し合うこと」などである。

(5) 語りの位相転換

以上，フィンランドのNLGとPGMと，日本において筆者が実践しているNCを例示しながら，語り・物語様態の定性的データを活用した教育方法学研究の可能性について考察してきた。三者に共通しているのが，教育方法学の省察的実践研究における語りの位相転換であった。

それを整理したのが，**表1**である。研究者であれ，実践者であれ，あらゆる省察的実践の語りには以下の五つの位相が存在し，それぞれの位相において二

表1　省察的実践語りの位相

薄い省察語り	厚い省察語り
子ども「不在」の語り	子ども「実在」（現在）の語り
生活的概念または科学的概念のいずれかに閉ざされた語り	生活的概念と科学的概念との往還による学問探究へ開かれた語り
独話的で独善的な価値解釈の語り	対話的・多声楽的で価値創造的な語り
認知レベルの描写に集約された語り	認知－情動－身体の総体の描写を含むホリスティックな語り
語り手の実践における困難・葛藤に触れることを回避する語り	語り手の実践における困難・葛藤に立ち止まる語り

132 第Ⅱ部 教育実践研究におけるエビデンスとは何か

一つのベクトルが存在する。一つ目の位相は，子どもの語り・物語への顧慮とい
う位相である。そこでは，子ども「不在」の省察語りか，子ども「実在」（現在）
の省察語りかが問われている。二つ目の位相は，学問・文化の探究という位相
である。そこでは，自分が実感している生活概念に深く触れながらも，その探
究が科学的概念の探究に開かれているか，それとも，多弁ではあるが生活概念
を這い回るだけで，いっこうに科学的概念に開かれない省察語りであるかが問
われている。三つ目は，対話性の位相である。そこでは，モノローグで独善的
な価値解釈の省察語りか，対話的・多声楽的で新たな価値創造にひらかれた省
察語りかが問われている。四つ目の位相は，実践描写における包括性の位相で
ある。そこでは，認知レベルの描写に集約された省察語りか，認知－情動－身
体というホリスティックなレベルで描写された省察語りかが問われている。五
つ目の位相は，葛藤定位性の位相である。そこでは，語り手の困難・葛藤を意
識的に回避する省察語りか，安心と安全が保障された場において語り手の困
難・葛藤に立ち止まる省察語りかが問われている。

❹ 結論

　本稿では，教育方法学が，自他の教育実践をどのように語ってきたのか，ま
た，どのように語りうるのか，という問いについて考察してきた。

　ここまで考察してきたように，教育方法に関する問い―どのように教育した
らよいのかという問い―は，何のための教育か（教育目的論），そのために何
を教育するのか（教育内容論）という問いと結びつかなければならない。さら
に究極的には，その教育目的―内容―方法を複合的に問うことが，かけがえの
ない人格として生きている目の前の具体的な子ども（学習者／学修者）にとっ
て意味あるものとなっているか，を問うことに繋がらなければならない。

　その際，子どもは自らの人生をどのように語り直すか，教育実践者（教師）
は自らの実践をどのように語り直すか，教育方法学の研究者は，他の教師の教
育実践や，自らの教師教育実践をどう語り直すか，ということも，多元的かつ

有機的に問いなおされなければならない。そして，なによりも，子どものより
よい存在（well-being）に応答責任のある他者として，教育方法学は，他者と
の多声楽的な意味創造にひらかれた実践記録をどのように再叙述し，学術研究
として作品化していくのか，という問いが探究されなければならない。

　かつてルリア（Luria, A. R.）は，従来の科学を，法則定立的な（nomothetic）
科学と個性記述的な（idiographic）科学に区分し，これらと並んで生き生きと
した具体的なもの全体を追求する構想科学（romantic science）の必要性を提起
した。教育方法学が，固有名の子どものよりよき存在を願い，教育的価値を批
判的に探究する構想科学であろうとするならば，今日の教授学や訓育論の研究
において，詩的で文学的な語り・物語様態の定性的データに基づく省察と叙述
も正当に再評価される必要があると考えられる。

　権威づけられた言葉による教育実践の語り・物語は，その聴き手の主体とし
ての語り・物語を誘発しない。構想科学としての教育方法学は，叙事詩，抒情
詩，劇詩のように，ピアな関係性やひらかれた対話から生まれる詩的言語の活
用を再評価しなければならない。迫真性とリアリティに満ち溢れた教育実践の
叙述と省察[22]は，情動を媒介した言語としての詩的言語から始まり，その意
味深い省察の多くは，詩的言語（叡智）として作品化されるからである。

＜注＞

1) Farrell, T. S. C.（2017）. Overview: Holistic reflective practice. In R. Barnard, and J. Ryan
（Eds.）, *Reflective practice: Voices from the field*. New York: Routledge, pp.8-19.

2) Clandinin, D. J.（Ed.）（2006）. *Handbook of narrative inquiry: Mapping a methodology*.
Thousand Oaks, California: Sage Publications.

3) 叙事詩（epic）は，歴史的に語り伝えるべき価値のある出来事が，韻文（詩の言葉）
として叙述されたものである。その多くは口承文芸として語り継がれ，人びとの
教養や教育の根幹として機能してきた。詳しくは，次の文献を参照。R. S. クルー
ガー（1993）『ギルガメシュの探求：神話と伝説の深層心理』氏原寛訳，人文書院.

4) 石井英真（2015）『今求められる学力と学びとは：コンピテンシー・ベースのカ
リキュラムの光と影』日本標準ブックレット.

5) Bridges, D., Smeyers, P., and Smith, R. D.（Eds.）（2009）. *Evidence-based education
policy: What evidence? what Basis? whose policy?* Oxford: Wiley, Blackwell.（邦訳：

D. ブリッジ・P. スメイヤー・R. スミス編著（2013）『エビデンスに基づく教育政策』柘植雅義・葉養正明・加治佐哲也編訳，勁草書房）参照。

6) Bruner, J. S. (1996). *The culture of education.* Cambridge: Harvard University Press. (邦訳：J. S. ブルーナー（2004）『教育という文化』岡本夏木・池上貴美子・岡村佳子訳，岩波書店），参照。

7) バフチン，M. M.（1979）『フロイト主義：生活の言葉と詩の言葉』磯谷孝・斎藤俊雄訳，新時代社，参照。

8) アリストテレスは『ニコマコス倫理学』において，現場における思慮深さ／知慮（フロネーシス：$\phi\rho o\nu\eta\sigma\iota\zeta$）を，技術／芸術（テクネー：$\tau\varepsilon\chi\nu\eta$），学問的知識（エピステーメー：$\varepsilon\pi\iota\sigma\tau\acute{\eta}\mu\eta$），叡智（ソフィーア：$\sigma o\phi\iota a$），純粋観想／知的直観（ヌース：$\nu o\upsilon\varsigma$）と並んで，人間が真理に到達する際の一つの様態として捉えていた。彼が概念化しようとしたフロネーシスは，倫理，情動，明晰さ，及び身体性を伴う総合的な智慧のようなものであった。

9) Collins, A., Joseph, D., and Bielaczyc, K. (2004). Design research: Theoretical and methodological issues. *The Journal of the Learning Sciences, 13*（*1*），pp.15-42.

10) Staiger, E. (1959). Grundbegriffe der Poetik. Zurich: Adantis. (邦訳：E. シュタイガー（1969）『詩学の根本概念』高橋英夫訳，法政大学出版局），参照。

11) Veresov, N. (2017). The concept of perezhivanie in cultural-historical theory: Content and contexts. In Fleer, M., Rey, F. G., and Veresov, N. (2017). *Perezhivanie, emotions and subjectivity: Advancing Vygotsky's legacy.* New York Springer. pp.47-70.

12) 深澤広明（2014）「教育方法学研究の対象と方法」，日本教育方法学会編『教育方法学研究ハンドブック』pp.20-27，学文社，参照。

13) クリステヴァ，J.（1991）『詩的言語の革命 第 1 部 理論的前提』原田邦夫訳，勁草書房，参照。

14) Clandinin, D. J. (2013). *Engaging in Narrative Inquiry.* London: Routledge.

15) クランディニン，D. J.・ヒューバー，J. ほか（2011）『子どもと教師が紡ぐ多様なアイデンティティ：カナダの小学生が語るナラティブの世界』田中昌弥訳，明石書店，参照。

16) Bredikyte, M. and Hakkarainen, P. (2017). Self-regulation and narrative interventions in children's play. In T. Bruce, P. Hakkarainen and M. Bredikyte (Eds.), *The Routledge international handbook of early childhood play.* New York: Routledge, pp.246-257.

17) Vuorinen, M. L. and Hakkarainen, P. (2014). Preservice teaching practice in narrative environment. *Cultural-Historical Psychology, 10*（*1*），Moscow State University of Psychology and Education. pp.118-124.

18) Kemmis, S. and Heikkinen, H. L. T. (2012). Future perspectives: Peer group mentoring and international practices for teacher development. In H. L. T. Heikkinen, H. Jokinen and P. Tynjälä (Eds.), *Peer-group mentoring for teacher development.* London: Routledge.

pp.144-170.

19) 斎藤環（2015）『オープンダイアローグとは何か』医学書院，参照。

20) 庄井良信（2012）「ナラティヴ・ベースの教師教育カリキュラム開発の試み―北海道教育大学大学院における臨床教育学履修者の考察から」，日本教育学会特別課題研究委員会編『現職教師教育カリキュラムの教育学的検討』pp.131-140.

21) 西郷竹彦（1989）『文芸学辞典』明治図書.

22) Kozulin, A.（1996）. A literary model for psychology. In D. Hicks（Ed.）, *Discourse, learning, and schooling.* New York: Cambridge University Press. pp.145-164.

教育方法学の研究動向

1 教育方法学における歴史研究の動向

2 戦後教育実践に関する研究動向

138　第Ⅲ部　教育方法学の研究動向

1　教育方法学における歴史研究の動向

お茶の水女子大学　**冨士原　紀絵**

❶　歴史学の動向と教育方法学の歴史研究

　本稿では2000年以降に出版された図書の中から，主に日本の教育方法史研究と実践史研究を取り上げる。次稿で戦後の教育実践に関する研究動向が取り上げられるため，戦後を対象とした研究を多くは取り上げない。しかし，わずかでも戦後の教育方法，実践に関する研究を紹介するうえで，本稿でも戦後を対象とする研究や，それにかかわる日本の歴史学の研究上の変化をめぐり，若干の問題提起をしておきたい。

　日本近代史・日本近代歴史学研究者のキャロル・グラッグは，「ほとんどの国で，自国史を語る際に「戦後」という形容詞が冠せられるのは1950年代後半までのことで，それ以後は「現代」という扱いになる。日本の「長い戦後」は，日本独自であるとともに時代錯誤でもある」（2007，p.316）という。果たして彼女の指摘はどれだけ共有されているであろうか。教育方法学領域で「戦後」あるいは「戦後初期」を冠した歴史研究が増加しつつある現状で，歴史研究の対象としての「戦後」の時期はいかに同定されているのだろうか。例えば，キャロルの指摘する50年代後半までを意図的に「戦後初期」と表現したとする立場もあろう。すると，わざわざ「初期」というからには「中期」と「後期」はどの時期を想定しているのだろうかという疑問が湧く。あるいは，必ずしもキャロル等の歴史学研究者の見解に同意する必要はなく教育方法学の歴史研究の時期区分として60年代（以降）も含めて「戦後」が有効であるという見解があれば，その説明を教育方法学固有の論拠を用いて行うことが必要であろう。こうした戦後をめぐる定義が明確で無い現状では，本稿で取り上げる研究が

60年代も含めて戦後と設定している場合はそれを尊重するが，基本的にはキャロルの見解を念頭に「戦後」の時期を想定する。

また，歴史学や思想史では誰が戦後の歴史を論じるのか，という点も問われている。この背景には，「「戦後」はこれまでも，あまりにも「戦後」を担った世代によって論じられてきた。肯定するにせよ，批判するにせよ，「戦後日本」は即時的に語られすぎてきた。いまこそ，「戦後日本を歴史化する試みが必要であろう」（小森・成田，2009，p.6）とする立場がある。教育方法学の歴史研究でこうした動向と重なるのが奥平康照（2016）による『「やまびこ学校」のゆくえ：戦後日本の教育思想を見直す』である。奥平の研究は戦後教育学そのものを相対化してみせた点で，歴史学・思想史研究の意図の上に位置づけられる。教育方法学における新たな戦後歴史研究の局面を開いた研究として画期的で先駆的であるが，教育方法史研究全体として端緒についたばかりの状況である。

さらに，歴史学では近代化の分析の枠組みとして戦前・戦中と戦後における断絶と連続・継続性が検討されている。現在に至るまで，戦後の教育方法学の歴史的研究はこの点にあまり意識的ではなく，連続や継続（ここでの継続とは主体的・意図的な継承ではない）という面に積極的に注目した研究が展開されているとはいいがたい。これは教育方法学の歴史研究自体が，時代や国を問わず，しかも常に現在の教育実践とのつながりを意識したうえで，教育方法の本質なるものを希求するという学問的態度に内在していることに起因するともいえる。すなわち，意識化されておらずともすでに継続の意識があるという点で，歴史学で問題とされている連続・継続の問題はそもそも存在していないという見方もできるのかもしれない。その一方で，研究者が断絶を想定したうえでの戦後教育研究という意識を明確に有している場合はどうであろうか。継続と連続を重視する研究との間に様々な離齬が生じるのではないだろうか。

現実の教育への寄与へのスタンスが強い教育方法学の歴史的研究が，教育史学のように，歴史学の歴史認識や方法論を忠実に踏まえるべきとは考えないが，それでも歴史学の変化について教育方法学の歴史研究でも意識せねばならぬこ

とがあるのではないか。詳細は❹で取り上げるが，昨今，教育学研究者以外の領域の研究者が教育実践を研究対象として取り上げる傾向からしても気がかりである。本稿ではこうした歴史学や思想史研究の変化を意識しながら，歴史研究の動向と課題を論じてゆく。なお，冒頭で対象を限定したが，欧米の教育方法の歴史研究を取り上げないこと，また多様で豊富な研究のすべてを網羅しきれないことを，あらかじめ断っておく。

❷　新史料による実証研究の進展と史料の産出

　教育史学会編（2018）により『教育史研究の最前線Ⅱ』が出版された。宮本健市郎による「第6章 欧米の新教育　第3節 教育方法史・教科教育史」（pp.161-168）では「特に顕著な成果をあげたのは，デューイの実験学校の実践についての研究」（p.161）であるとされている。具体的な図書名は割愛するが，宮本はデューイ研究の著しい進展は，著作集の完結とそのデジタル版の利用が可能になったこと，史料の公開が進んでいることをその理由にあげている（なお，欧米の教育方法史・教科教育史の研究の動向は宮本や教育方法学会編（2014）『教育方法学ハンドブック』（学文社）の「第4章 質的研究方法　第1節 歴史的アプローチ」（pp.71-73）も参照されたい）。

　本稿で注目したいのは，デューイのみならず，新史料の存在により実証研究が進展しているという点である。とりわけ，近年，様々な史料の公開とアーカイブ化，デジタル化が進んだことにより日本の教育方法史・教科教育史では数多くの成果が上がっている。例えば，吉田裕久（2001）『戦後初期国語教科書史研究』，木村博一（2006）『日本社会科の成立理念とカリキュラム構造』，柴一実（2006）『戦後日本の理科教育改革に関する研究：アメリカ科学教育情報の受容と展開』・（2016）『戦後日本の小学校理科学習指導要領及び教科書の成立に関する研究』，石毛慎一（2009）『日本近代漢文教育の系譜』，坂口京子（2009）『戦後新教育における経験主義国語教育の研究』，信廣友江（2011）『占領期小学校習字』等は，1990年代後半以降の占領下期文書の公開やアーカイ

ブ化が研究の背景にあり，いずれも実証研究として手堅くまとめられている。

　さらに，1950-60年代の日本の教師の実践が精力的にアーカイブ化されつつある。臼井嘉一監修（2013）『戦後日本の教育実践：戦後教育史像の再構築をめざして』の付録CD-ROMや「理科の授業づくり入門」編集委員会編著（2008）『理科の授業づくり入門：玉田泰太郎の研究・実践の成果に学ぶ』等である。制度に関する史料のアーカイブも重要ではあるが，今後，こうした教師や授業レベルの史料を教育方法学的観点から収集し整備してゆくこと自体が，教育方法学の歴史研究の重要な課題と位置づけられるだろう。

❸　日本の戦前の新教育の評価をめぐって

　日本の教育方法史に関する検討をするうえでも，まずは『教育史研究の最前線Ⅱ』の日本の教育方法史にかかわる章をみておきたい。該当するのは「第2章 日本の近代学校教育　第4節 新教育運動と戦時下の教育」の清水康幸による日本の新教育運動の研究動向の検討である（pp.59-69）。清水は橋本美保・田中智志編著（2015）『大正新教育の思想』を取り上げ，日本の新教育における欧米の教育受容の分析を中心とする大正期の新たな教育思想史研究として紹介するとともに，鈴木明哲（2007）『大正自由教育における体育に関する歴史的研究』，浅井幸子（2008）『教師の語りと新教育：「児童の村」の1920年代』を詳細に検討し，実践分析の方法論の確かさとともに，両著の中野光（1968）や海老原治善（1968）らに代表される従来の大正新教育研究の評価に対して，その「妥当性を問う」点で，また「見落とされてきた論点を提示」している点を高く評価している。清水は取り上げていないが，深谷圭助（2011）『近代日本における自学主義教育の研究』，遠座知恵（2103）『近代日本におけるプロジェクト・メソッドの受容』も大正新教育の再評価を目的とした教育方法史研究として注目される。戦前から今日に至るまでの新教育全般を通史的に押さえた山崎洋子・久野弘幸編著（2017）『Educational Progressivism, Cultural Encounters and Reform in Japan』もある。

142 第Ⅲ部 教育方法学の研究動向

　ここで注目したいのは，これまで継承すべき価値ある教育遺産として位置づ
けられてきた大正新教育が，その評価をめぐり見直しを迫られているという状
況である。上述した一連の研究は，従来の新教育研究において，例えば中野が
示した新教育の「巨視的には帝国主義的発展段階におけるブルジョア民主主義
的イデオロギーに支えられた」という前提や，彼がそれを踏まえつつも「大正
自由教育が教育方法の改革に果たした役割であり，そこにどのような遺産を確
認できるか」（p.18）と設定した問題意識を十分にくみ取ったうえ，中野が示
し得なかった新たな研究視角を設定したり，教育方法学的にあるいは教師論と
して内在的にその限界の分析を試みた研究である。

　これらの教育方法学における新教育の歴史研究と対置される研究として，
（清水も取り上げている）教育社会学研究者の小針誠（2009）による『〈お受験〉
の社会史：都市新中間層と私立小学校』に触れておきたい。小針は社会学・社
会史的な手法で私立小学校の受験をめぐるさまざまな要因を分析し，その結果
「個性・自由・自発などを謳う児童中心主義の教育実践（目に見えない教育方
法）」は，都市中間層に登場した近代教育家族の登場による，選抜された特定
の子どもを教育の対象としていたからこそ成立していたとする。それ故「教師
は，それぞれの子どもに対して，高い学習意欲や自発性や再帰性（省察・リフ
レクション）を期待でき，子どもを「支援（サポート）」するというソフトな
教育関係を成立させることができたのではないか」と「思想的・実践上の限界」
を指摘する（p.268）。従来の新教育研究のアンチテーゼとして自身の研究を位
置づけているとするが，すでに研究上前提とされている大正新教育が「ブル
ジョワ民主主義的イデオロギー」に支えられていたという指摘に，逆に近づい
ているようにもみえる。小針は新教育の新学校や実践者，そして大正新教育運
動に関する諸研究が「日常の教育活動の被教育者として関わってきた＜子ど
も＞像や子どもの特質について具体的に明らかにしたものはそれほど多くな
い。むしろ，そうした言及があるとしても，子ども一般に抽象化されることで，
私立小学校の教育実践がカリキュラム論の視点から言及される傾向が強かった
ようにおもわれる」（pp.266-267）と批判し，入学者である子どもをこそ検討

の俎上にあげる重要性を指摘する。しかし，小針が行う子どもの社会的属性や家庭環境，保護者の教育要求のデータを分析することが子どもに即して実践を捉えたことになり，新教育の教育方法，教育実践に限界があったとまで断じ得るのだろうか。

ただしその後，小針（2018）は『アクティブラーニング：学校教育の理想と現実』において，選抜された子どもによる大正新教育の学校ですら，いわゆる児童中心主義的な教育方法において限界を有していたことを具体的な教授－学習行為との関係で分析することを試みている。前著で学校教育を通した格差の再生産の問題にもつながる，極めて現代的なペアレントクラシーの問題を実証したうえで，やはり現代的な意義を問いつつ教育方法的な面からの分析を精力的に進めている点では注目される。同書は新書ということもあり実践分析が粗い点で課題はあるが，鈴木や浅井らも含め，これら最新の研究が示唆するのは，1960-70年代の先行研究から素朴に教育方法学的に「継承する価値ある遺産」としてその研究成果を享受し，そこから実践の優れた点を新たに抽出し，さらには現代に継承することをのみを目的とするのではなく，教授－学習のプロセスに即して，あるいは教師の子ども観や学習観を掘り下げ，その限界を探究することを忘れてはならないという点である。

それでもなお，例えば秋保恵子（2015）『大正新教育と〈読むこと〉の指導：奥野庄太郎の国語科教育』の研究にみられるように，教師経験者が大正新教育に自身の実践の原点を見出し，評価するという研究には，まだ遺産として継承すべき価値ある事実が埋もれていることも痛感させられる。なお，秋保は❶で取り上げたキャロルの歴史家としてのスタンスに自身の立場は近いとし「どのように過去を考え，それをいかに想像し解釈するのか，そして現在において過去をどのように活かし，またそれに抗うのかということ，つまり語ることそれ自体にある。いわば私は歴史について（about history）考えると同時に，歴史で（with history）考えているのだと言ってもいい」（p.3）という記述を引用している。❶でも触れたが，史料自体が語るとする素朴な実証主義から脱した歴史学では，研究主体すなわち「誰が研究し，叙述するのか」という立場性が問

144　第Ⅲ部　教育方法学の研究動向

題になるとされ，「事実に対する解釈が立場によって多様」であることや「解釈する人間の，解釈する位置が変わることによって歴史叙述が書き換えられ，変わってゆく」ことに意識的であることが求められる（喜安・成田・岩崎，2012，p.16）。これまで新教育研究で大きな成果を残してきた中野や海老原，川合章ら戦中と戦後を生きてきた研究者とそれ以降に生まれた研究者との間では同じ大正新教育についても解釈の違いが生まれるであろうし，教師経験を持たぬ研究者と秋保のように教師経験を有する研究者の間でも，同じ事実を目の前にして解釈が異なるだろう。この点においても，大正新教育研究は，その研究主体の思想とともに再検討する時期を迎えているのではないだろうか。

❹　戦前・戦後の連続性と生活綴方の評価

　戦後を代表する教師の実践を戦前からの連続性で再評価している研究として吉村敏之（2012）による斎藤喜博の研究や豊田ひさき（2016）による『東井義雄の授業づくり－生活綴方的教育方法とESD』がある。豊田（2009）は『日本の授業研究』（日本教育方法学会編）の「第1章 戦後新教育と授業研究の起源」においても日本の授業研究の歴史の起点を1920年代に据え，戦前からの連続性で生活綴方教師を取りあげている。教育方法学の歴史的研究として，授業研究が戦前と戦後の連続性を問う一つの切り口になっているといえるだろう。

　東井義雄を含む生活綴方教育の研究について，菅原稔（2004）『戦後作文・綴り方教育の研究』といったオーソドクスな実証研究も注目されるが，❶で指摘した，教育学関係以外の領域での研究者による研究もここでみておきたい。例えば，鶴見俊輔の思想の再評価を目的とした政治思想史研究者の長妻三佐雄（2015）の研究がある。鶴見が生活綴方を「日本のプラグマティズム」として高く評価していることはよく知られている。長妻は鶴見が「厳格に定義づけられた概念や専門用語を軸にした学術的な論文よりも，「ふっくらとしたことば」と「一回かぎりのことば」を大切にしていたが，それは常に「表現しえないもの」の存在を意識していたからではないかと考えている。鶴見はコミュニ

ケーションと同時にディスコミュニケーションの問題をみつめ,「「コミュニケーションをよくしたらすべてがよくなる」という考えに違和感を覚えていた」(長妻,p.144)という。そうした鶴見が,綴方教師である東井が「ものを言わない子ども」Aちゃんとのエピソードを記録している点に目を向け,東井が子どもが綴方を書けないことを非難したり,書かせようとするのではなく,「「綴り方が書けなくたっていいんだ」という「生活綴り方運動」そのものを再検討する地点に立ったことを特筆する」(同,p.138)点に,長妻は注目する。鶴見が東井に「かぎりない魅力を覚えるのは,生活綴方を実践しながらも,東井がことばにならないものの存在を前に立ち竦み,その重要性に気付いたからではないだろうか」(同,p.144)と指摘する。なお,長妻自身は東井自身が「ことばにならないものが「動作」や「すること」の中で表現されると考えていた」(同,p.144)ため,ディスコミュニケーションの問題には自覚的ではなかったとする。何らかの手がかりをつかんででも子どもとのコミュニケーションを図ろうとする教師である東井には,これは酷な指摘であろう。

　生活を書くことを通した教育により認識を深める子どもの存在を前提として評価されてきた生活綴方的教育方法に対して,「書かないこと」を認める綴方教師・東井の存在が,長妻のような教育方法学研究者以外の領域の研究者により再評価されていることを,教育方法学的にどう受け止めればいいのだろうか。政治社会学研究者である栗原彬(2003, pp.2-31)による,無着成恭が書けない一人の子どもを『山びこ学校』から排除していた(「存在しなかった」ことにした)事実を見過ごせないとする評価と合わせて考えると,例えば,東井の実践が子どもを書く主体である以前に「あるがままの存在」として承認していたことを示していた点を再評価し,他の生活綴方実践も再評価する視点がありうる。この場合,豊田(2016)が「周辺部の子どもから学ぶ」として,東井の「モリタミツ」の記録に注目している点も参考となる。その際,豊田は「もちろん,このわたし〔豊田:引用者注〕の分析は学問的には厳密性と客観性を欠くかもしれない。(中略)東井は大学の研究者ではなく,一人ひとりのこどものかけがえのなさを最も大事にする実践家である。実践家は,論理の厳密性や

客観性よりも，各々の現場での適切性をこそ大事にするのではないか」（p.50）
とし，東井の子どもに対する「かけがえのなさ」の認識を分析するには，従来
の学術的分析方法で論じるには限界があると述べている。ならば，教育方法学
として，こうした実践分析における論述方法についての検討が必要とされるの
ではないだろうか。

　なお，長妻らの分析の背景には，活字史料では救いきれない声なき者の声に
研究の対象が据えられ，彼らの声を救いあげる努力・模索が歴史学や思想史研
究で続いていることがあげられる。歴史学における声なき者とは「生存」（大門,
2009, pp.16-18）自体が脅かされる存在である。近代史研究者の大門正克（2009）
は主に生活者としての人権を奪われ，生存を脅かされてきたマイノリティーの
声を聴き取ることを試みている。彼は1930年代から1950年代という時期区分
を作り（戦前・戦中・戦後の連続史観），「人々の経験」と「生存の仕組み」と
「国家の対応に映し出された時代性」から「生存の歴史的特質」（p.16）を読み
解くことを，実証的研究とともにオーラルヒストリーの手法で試みる。歴史学
や思想史研究にこうした背景があるからこそ，長妻は書けない子ども—綴方を
標榜する教師のもとで書くことが出来ない存在—を認める東井のよさを発見し
た鶴見の見解を再評価し，栗原は声なき子どもの存在−生存を排除した無着を
批判していると見ることができる。

　この点にかかわって，現在の生活綴方教育ともいえる，作文教育の実践記録
としての勝村健司・宮崎亮（2018）『こころの作文』における川地亜弥子によ
る解説を取り上げたい。川地は無着の実践と勝村の実践の違いを比較し，両者
の子どもへの「アプローチ」が違うことに注目する。時代が違えども，ともに
経済的な貧困を抱える子どもを対象としつつ，無着の実践が「困窮した友人の
暮らしを経済的に助けようと呼びかける作品」があるのに対し，勝村の実践は
「経済的貧困へのアプローチよりも，関係の貧困の克服に大きな力を発揮して
いる」ように見え「書かせる教育というよりも聴く（丁寧に読む）教育である」
と評価する（pp.166-167）。「生存」の次元での子どもの貧困に立ち向かおうと
する場合，教師が教室で取り組むことが出来ることの一つは「関係の貧困」が

脅かす「生存」の承認ではないだろうか。作文教育でありながら，書くことよりも「聴くこと」を方法の中心に据えて評価する川地の視点は，歴史の中にあっても現在においても「人は一人だけで生存することはできない。生存することは人と人とのつながりのなかにあるのであり，生存すること自体の中に他者に働きかけるきっかけが含まれている」として，「生存」の意味を捉える際に「経験の記録を読み解くとともに，経験を語る声に耳を傾けたい」（pp.17-18）とする前述の大門の立場と重なる。「声なき者の声」を聴こうとする歴史学や思想史の研究方法論自体が教育方法の評価と重なりを見せているという点で興味深い。

❺　教育方法学における歴史研究の意義

本稿では図書を中心に取り上げたが，学会誌『教育方法学研究』において歴史的研究は絶えることなく，一定の研究成果をあげ続けていることは明らかである。しかし，若手の研究者に歴史研究への関心が高まっているとは言い難い。歴史研究の衰退があるとすればいかなる問題が生じるであろうか。

歴史学者の成田龍一は歴史学の直面する問題の一つとして，「現在のグローバリゼーションのもとでは，絶えず瞬間瞬間，「いま・ここ」における価値を最優先していく（中略）「いま・ここ」で有益なものを最優先するという志向においては，歴史は完全に積み残されてしまう。歴史抜きでも事態は進行するし，それが合理的だとも考えられている」とし，「歴史というものを必要とする思考」がなくなってきた状況を指摘する（喜安ら前掲書，pp.255-256）。彼は「歴史的過去という異文化」は「現在を問題化する「他者」」であり，現在に対して「亀裂とはいわずとも違和感を与えるもの」であり「トゲトゲしたもの」であることに存在意義があるとする（同，pp.255）。現在はその他者が消失し「すべてがツルツルしている」という。

次期学習指導要領の大きな変化の中で，学校現場では即時的に役立つ研究が求められている。成田の指摘する，まさに「グローバル化」する世界に対応す

148　第Ⅲ部　教育方法学の研究動向

ることを前提とした指導要領の改訂の中で，教育方法学研究者が，教師が直面している「いま・ここ」で求められる価値に応じた研究成果を提供しなければならぬこと，また，そこに研究者としての意義を見出す状況は理解できる。

　しかし，「現在を問題化する「他者」」が不在となれば，現在の対応にのみ目を奪われることになり，「子ども」という存在の根源において必要とされる教育方法の本質の追及が滞ることになる。学校や授業のあり方について様々な要求が寄せられる現在の教育に対して「トゲトゲ」した知見を突きつけることに，教育方法の歴史研究の意義が見出されるのではないだろうか。

＜引用・参考文献＞

・ 秋保惠子（2015）『大正新教育と〈読むこと〉の指導：奥野庄太郎の国語科教育』渓水社.
・ 浅井幸子（2008）『教師の語りと新教育：「児童の村」の 1920 年代』東京大学出版会.
・ キャロル・グラッグ（2007）『歴史で考える』梅崎透訳，岩波書店.
・ 海老原治善（1975）『現代日本教育実践史』明治図書．なお，清水は海老原（1967）の『続現代日本教育政策史』三一書房を参照している。
・ 遠座知恵（2013）『近代日本におけるプロジェクト・メソッドの受容』風間書房.
・ 深谷圭助（2011）『近代日本における自学主義教育の研究』三省堂.
・ 橋本美保・田中智志編著（2015）『大正新教育の思想』東信堂.
・ 橋本美保編著（2018）『大正新教育の受容史』東信堂.
・ 石毛慎一（2009）『日本近代漢文教育の系譜』湘南社.
・ 岩崎稔・上野千鶴子・北田暁大・小森陽一・成田龍一編著（2009）『戦後日本スタディーズ 1（「40・50」年代)』紀伊國屋書店.
・ 川合章（1985）『近代日本教育方法史』青木書店.
・ 川地亜弥子（2018）「解説　声を聴く・声がつなぐ・文化を育む」，勝村謙司・宮崎亮『こころの作文』pp.161-167，かもがわ出版.
・ 木村博一（2006）『日本社会科の成立理念とカリキュラムム構造』風間書房.
・ 喜安朗・成田龍一・岩崎稔（2012）『立ちすくむ歴史：E・H・カー『歴史とは何か』から 50 年』せりか書房.
・ 小針誠（2009）『〈お受験〉の社会史：都市新中間層と私立小学校』世織書房.
・ 小針誠（2018）『アクティブラーニング：学校教育の理想と現実』講談社現代新書.
・ 栗原彬（2003）「『山びこ学校』を読む―「公的な親密性」の物語を求めて」，小谷敏編『子ども論を読む』pp.2-31，世界思想社.

- 教育史学会編（2018）『教育史研究の最前線Ⅱ』六花出版.
- 長妻三佐雄（2015）「生活綴方運動と民衆の思想―鶴見俊輔の東井義雄論を中心に」，出原政雄編『戦後日本思想と知識人の役割』pp.127-150，法律文化社.
- 中野光（1968）『大正自由教育の研究』黎明書房.
- 信廣友江（2011）『占領期小学校習字』出版芸術社.
- 奥平康照（2016）『「やまびこ学校」のゆくえ：戦後日本の教育思想を見直す』学術出版会.
- 大門正克（2009）『全集 日本の歴史 第15巻 戦争と戦後を生きる』小学館.
- 「理科の授業づくり入門」編集委員会編著（2008）『理科の授業づくり入門：玉田泰太郎の研究・実践の成果に学ぶ』日本標準.
- 坂口京子（2009）『戦後新教育における経験主義国語教育の研究』風間書房.
- 柴一実（2006）『戦後日本の理科教育改革に関する研究：アメリカ科学教育情報の受容と展開』すずさわ書店.
- 柴一実（2016）『戦後日本の小学校理科学習指導要領及び教科書の成立に関する研究』すずさわ書店.
- 菅原稔（2004）『戦後作文・綴り方教育の研究』渓水社.
- 鈴木明哲（2007）『大正自由教育における体育に関する歴史的研究』風間書房.
- 豊田ひさき（2009）「第1章 戦後新教育と授業研究の起源」，日本教育方法学会編『日本の授業研究 上巻』pp.11-24，学文社.
- 豊田ひさき（2016）『東井義雄の授業づくり：生活綴方的教育方法とESD』風媒社.
- 臼井嘉一監修（2013）『戦後日本の教育実践：戦後教育史像の再構築をめざして』三恵社.
- Yoko Yamasaki & Hiroyuki Kuno（eds.）（2017）. Educational Progressivism, Cultural Encounters and Reform in Japan. New York：Routledge.
- 吉田裕久（2001）『戦後初期国語教科書史研究』風間書房.
- 吉村敏之（2012）「斎藤喜博と雑誌『教育論叢』」，横須賀薫編『斎藤喜博研究の現在』pp.25-53，春風社.

150　第Ⅲ部　教育方法学の研究動向

2　戦後教育実践に関する研究動向

神戸大学　川地　亜弥子

❶　はじめに

　本稿の課題は，戦後教育実践に関する研究動向について，コンパクトに紹介することである。しかし，戦後の教育実践について網羅的に目配りし，的確に紹介することは筆者の力量をはるかに超えるため，ごく一部をあげるにとどまることをお許しいただきたい。なお，教育実践研究について学校教育・保育を中心に包括的に取り扱っている書籍として，本学会が編集している『日本の授業研究』（2009，学文社），『教育方法学研究ハンドブック』（2014，学文社）がある。幼児期から青年期までの教育を射程に入れ，教育実践研究のための良質の地図となっている。戦後教育実践研究の広がりを学びたい人は，ぜひこれらの書を手に取って頂きたい。

　教育実践という言葉は，戦前に誕生し，1930年代に積極的に使われた。この語の成立には，①教育研究にあたって，教育活動の実際を重視し，思弁的考察に終わらず教育方法のレベルから教育のあり方をとらえようとした，②教師がみずからの活動全体を追体験としてリアルにとらえようとした，という2つの契機があると指摘されている（民間教育史料研究会・大田堯・中内敏夫1975，p.34）。いずれの立場でも，教師の自律的な判断に基づく指導であるだけでなく，それを支える教師の研究も含意されており，そうした研究と指導の往還を指して教育実践の語が用いられていた。その一方，教育実践という言葉が定着していく過程で，上述とは異なり，理論の具体例，および方法・技術としての用法，さらには，理論のひきうつし，また逆に理論と乖離したものを指す用法があらわれ，ファシズムに追随する中で「教育実践」の語が使用されて

いったと指摘されている（川地，2015）。こうした点を踏まえるならば，教育実践研究は理論と実践の間の緊張関係を問うことが不可欠である。

本稿では，こうした教育実践を対象とした研究について，①教育方法学者による通史的研究，②民間教育研究団体による総括的研究，③各教科・領域に焦点を当てた研究，④障害児教育・特別支援教育と区分して論じていく。

❷　通史的研究

教育実践に関する通史的研究として，臼井嘉一監修『戦後日本の教育実践：戦後教育史像の再構築をめざして』（2013，三恵社）がある。この書籍は，1970年代ごろまでの教育実践，とりわけ社会科，総合的な学習の時間，問題解決学習を中心に論じられている。教育実践について，砂沢喜代次の教育実践としての授業研究論（砂沢，1971，pp.87-88）から，「子どもたちの教育のなかにいろいろな現象形態をとって現れる社会的，歴史的な諸矛盾を，自分たちにかかわるものとして主体的にうけとめ，それらの克服のためにあらゆる手段を講じ，連帯的に行為する教師たちによるもの」（臼井，2010，p.26）という立場で展開されている。終章では，稲垣忠彦・中森孜郎（1959）や斎藤浩志（1992）をもとに，教師と子どもの人間と人間としての相互交流の場を基点として捉え直すこと，教育実践学を学問として成立させるために「＜教師と子どもの生きた姿の記録＞としての『教育実践記録』をその基底に据えなければならない」（臼井，2010，p.176）と述べる。そのうえで，佐藤学（2004）の狭義の教育学（pedagogy）における3つの対話的実践（認知的文化的実践，対人的社会的実践，自己内的実存的実践）について，教育実践という視点・視野から，授業・生活指導を進めていく際の貴重な手がかりとしている。

1990年以降の実践にまで射程を広げた通史的研究としては，田中耕治編著『戦後日本教育方法論史　上・下』（2017，日本標準）がある。田中はすでに『時代を拓いた教師たち』（2005，日本標準），『時代を拓いた教師たち　Ⅱ』（2009，日本標準）によって，人物史（学校史）として戦後教育実践史をまとめていた

が，その限界を乗り越えるべく，「実践に内在している理論を析出し，現代も射程に入れて教育方法論史的に総括すること」（上, p.2）をめざしたものである。上巻序章で戦後日本教育方法論史が端的にまとめられ，続く章で生活と教育の結合，科学と教育の結合，学力論，教育評価論，授業と教授学，授業記録とエビデンス論，学習集団論，学習の身体性，授業研究と教師論について論じられている。この書の特徴は，『時代を拓いた教師たち Ⅱ』で特に意識的に取り組まれた「実践から教育を問い直す」こと，すなわち，子どもたちと大人たち，学習者たちと教師たちが響き合う実践に注目し，そのエッセンスの分析と素描に挑戦する中で，既存の学校教育を問い直していることにある。

　下巻では，序章で戦後日本カリキュラム論の史的展開が論じられたのちに，各教科・領域，障害児教育についてまとめられている。年表が付されており，各領域の変化を鳥瞰的に捉えることができる。

　論争史については，田中（2017c）に「資料4　戦後教育方法論史に関する文献一覧」として，問題史・論争史等の文献一覧がある。

　海外に向けての発信としては，日本の授業研究を中心に本学会が編集したNational Association for the Study Educational Methods（ed.）. *Lesson Study in Japan*（2011,Hiroshima: Keisuisya），日本の進歩主義的教育を推進した人物・学校・運動に焦点を当てたYamasaki, Y. and Kuno, H.（eds）. *Educational Progressivism, Cultural Encounters and Reform in Japan*（2017,Oxon: Routledge）がある。後者は，人物紹介，年表，学校体系図等が付されている。日本の教育実践について研究を始めたい人には便利である。

❸　民間教育研究団体における教育実践—教育・保育と子どもの生活—

　周知のとおり，学習指導要領の改訂は戦後日本の教育実践の動向に大きな影響を与えている。告示文書（法的拘束力があるもの）として実践の方向性を規定しているため，創造的な教育実践への抑圧として働く場合がある。それに対し，学習指導要領に批判的検討を加え，オルタナティブな授業や教育課程を示

し，積極的な役割を果たしてきたのが民間教育研究団体（略称民間研）である。教師や研究者，時には保護者，一般の人も加わって，一定の影響力を持っている。金馬（2017）は，半官半民の研究協議会，各教科・領域別などの学会，民間教育研究団体，その他の自主的なサークルの4つに大きく区分したうえで，端的にその動向をまとめている。半官半民の研究協議会が教育内容面での検討をあまり行わなかったことに対し，民間研および教職員組合による教育研究集会では内容面の研究も行うことが特徴であるという。ただし，研究開発学校の制度化，生活科や総合的な学習の時間の新設を通じて，半官半民の研究協議会でも内容面の検討が行われるようになったと指摘している。

2017年版学習指導要領でも，「公の性質を有する学校における教育水準を全国的に確保すること」（小学校学習指導要領2017年告示，p.15）をその役割の一つとして明示したうえで，「各学校がその特色を生かして創意工夫を重ね，長年にわたり積み重ねられてきた教育実践や学術研究の蓄積を生かしながら，児童や地域の現状や課題を捉え，家庭や地域社会と協力して，学習指導要領を踏まえた教育活動の更なる充実を図っていくことも重要」（同p.15）と示している。方法・内容の両面から積極的に検討を行い，よりよい教育活動を創造していくことが求められている。

大槻健『戦後民間教育運動史』（1982，あゆみ出版）では，多数の民間教育研究団体が取り上げられている。本稿では，教育実践について学校に限定せず包括的に研究を進めてきた教育科学研究会，子どもの生活と教育について積極的に発言・研究を推進してきた日本作文の会，日本生活教育連盟，生活指導研究連絡協議会についてとりあげる。

第二次世界大戦前に結成され，大戦中に中断，1952年に再建された教育科学研究会（通称教科研）は，60周年記念として『講座　教育実践と教育学の再生』（全5巻と別巻，2013-2014，かもがわ出版）を刊行した。『別巻　戦後日本の教育と教育学』（2014）は，理論的な整理がなされた第Ⅰ部と，戦後を代表する実践記録を分析・紹介する第Ⅱ部，大田堯へのインタビューをまとめた第Ⅲ部で構成されており，民間研からとらえる戦後教育実践史として白眉で

154 第Ⅲ部 教育方法学の研究動向

ある。そのほかの巻において，子どもや教師の困難，多様な場における子ども
のケア，福祉，労働も正面に据えて論じている。教科研に長くかかわってきた
坂元忠芳は，教育実践について，「一定の政治，経済，文化，社会の状況のな
かで，さまざまな矛盾を背負って生きている人びとに，直接的，間接的に働き
かけて，その人々の能力と人格を発達させていく目的意識的な営みのこと」（坂
元，1980，pp.13-14）と定義した。本書でも，学校に閉じない教育実践が提唱
されており，その広がりの中で学ぶことができる。現代の教師が多数寄稿して
いることも特徴であり，近年の実践動向を知ることができる。

　1950年に日本綴方の会として発足し，翌年改称した日本作文の会（通称：
日作）は，『日本の子どもと生活綴方の50年』（2001，ノエル）を刊行した。
これは会の正史という位置づけではなく，各執筆者の歴史把握を尊重して刊行
しており，1962年度方針をめぐる会内部での議論なども克明に記録されている。

　民間の文部省と呼ばれ多大な影響力を有したコア・カリキュラム連盟（1948
年結成）は，1953年に日本生活教育連盟（通称：日生連）と改称し，団体と
して『日本の生活教育50年：子どもたちと向き合いつづけて』（1998，学文社）
を刊行した。この運動にかかわり続けた川合章も『生活教育の100年：学ぶ喜び，
生きる力を育てる』（2000，星林社）を刊行している。全国生活指導研究連絡
協議会（通称：全生研）は，集団づくり論について定期的に成果を発信してお
り，それらを追うことで理論と実践の変遷を知ることができる。元常任委員の
宮原廣司が著した『戦後教育学と教育実践：竹内常一に導かれて』（2016，高
文研）は，副題に個人名が入っているものの，会全体の動向・議論の変遷もよ
く分かる記述となっている。これらの研究団体は，総合学習，特別活動に大き
な影響を与え，道徳教育についても特設化，特別の教科化について批判的立場
から積極的に発言している。

❹　教科教育を中心とした研究

　教科教育に焦点を当て，民間研に主体的にかかわってきた教師・研究者から

2 戦後教育実践に関する研究動向 155

発信された書籍としては，柴田義松編著『教科の本質と授業：民間教育研究運動のあゆみと実践』（2009，日本標準）がある。国語科は科学的「読み」の授業研究会の小林義明，社会科は歴史教育者協議会の臼井嘉一，算数は数学教育協議会の銀林浩，理科は科学教育研究協議会の小佐野正樹，音楽は音楽教育会の米沢純夫，美術は生活画を考える会・美術教育者協議会の鈴木五郎，家庭科は日本家庭科教育学会の鶴田敦子，体育科は学校体育研究同志会の大貫耕一により執筆されている。一つの教科に割かれた紙幅は多くないが，読書案内も付されており，より深めたい教科をみつけて教科別の巻を読むためのよいガイドとなっている。

このほか，各教科教育については，民間研が中心となったもの，学術研究団体が中心になったもの，個人がまとめたもの等，多数の総括がなされている。教育実践史に関する叙述には濃淡があるものの，理論と実践の展開を踏まえて研究を進めるうえで参考になる。1980年以降に刊行されたものに絞っても，以下があげられる。なお，すべての教科を扱っていないことをお許し頂きたい。

①**国語**：飛田隆『戦後国語教育史　上・下』（1983，教育出版センター）．望月久貴『国語科論集1　国語科教育の基本問題』（1984，学芸図書）．田近洵一『戦後国語教育問題史　増補版』（1999，大修館）．橋本暢夫『中等学校国語科教材史研究』（2002，渓水社）．全国大学国語教育学会編『国語科教育学研究の成果と展望』（2002，明治図書出版）．井上敏夫『教科書を中心に見た国語教育史研究』（2009，渓水社），等。

②**社会科**：「特集　社会科誕生50年」，全国社会科教育学会編『社会科研究』（第48号，1998）．平田嘉三・初期社会科実践史研究会編著『初期社会科実践史研究』（1986，教育出版センター）．「特集　社会科60年」，『社会科教育』（第42巻9号，2005）．片上宗二・木村博一・永田忠道編『混迷の時代！"社会科"はどこへ向かえばよいのか：激動の歴史から未来を模索する』（2011，明治図書出版），等。

③**数学科**：松田信行『戦後日本の数学教育改革』（1981，明治図書出版）．日本数学教育学会編著『中学校数学教育史　上・下』（1987-88，新数社）．小沢健一「数学教育協議会創立40周年──回顧と展望」，『数学セミナー』（第32巻第

156　第Ⅲ部　教育方法学の研究動向

3号，1993，pp.68-72）．日本数学教育学会編『数学教育学研究ハンドブック』
（2010，東洋館出版社），等。

④**理科**：東洋・大橋秀雄・戸田盛和篇『理科教育事典　教育理論編』（1991，
大日本図書）．板倉聖宣ほか編著『理科教育史資料　全6巻』（1986-87，東京
法令出版）．永田英治『日本理科教材史』（1994，東京法令出版）．板倉聖宣『日
本理科教育史　増補』（2009，仮説社），等。

⑤**英語科**：伊村元道・若林俊輔『英語教育の歩み：変遷と明日への提言』（1980，
中教出版）．平泉渉・渡部昇一『英語教育大論争』（1995，文芸春秋）．新英語
教育研究会編『新しい英語教育の創造：21世紀に生きるその理論と実践』（2009，
三友社出版）．新英語教育研究会編『人間を育てる英語教育：新英研50年のあ
ゆみ』（2009，三友社），等。

⑥**体育科**：髙橋健夫「『体育科教育』60年の歩みと戦後学校体育」，『体育科教育』
（第61巻1号，2013）．中村敏雄編『戦後体育実践論　1〜3巻』（1997-98，創
文企画）．中村敏雄編『戦後体育実践論　資料編　戦後体育実践主要論文集』
（1999，創文企画）．学校体育研究同志会編『体育実践とヒューマニズム：学校
体育研究同志会50年の歩み』（2004，創文企画），等。

⑦**家庭科**：家庭科教育研究者連盟編『家教連20年のあゆみ：家庭科の男女共学
ひとすじ』（1988，ドメス出版）．田結庄順子編著『戦後家庭科教育実践研究』
（1996，梓出版社）．日本家庭科教育学会編『家庭科教育50年：新たなる軌跡
に向けて』（2000，健帛社），等。

⑧**美術科・音楽科**：鈴木五郎「解放と認識─戦後の民間美術教育運動から」，東
洋ほか編『岩波講座　教育の方法7　美の享受と創造』（1988，pp.141-183，岩
波書店）．金子一夫『美術科教育の方法論と歴史』（1998，中央公論美術出版）．
河口道朗『音楽教育の理論と歴史』（1991，音楽之友社）．河口道朗『音楽教育
史論叢　Ⅰ〜Ⅲ』（2005，開成出版）．音楽教育史学会編『戦後音楽教育60年』
（2006，開成出版）。

　これらの書籍をガイドに，各教育実践が描かれた書を読み解いていくと，「主
体的で，対話的で，深い学び」が実現できていると思われる実践に出会う。な

お，ここでは⑧以外を教科別に記述したが，教科横断的な取り組みも積極的に行われている。総合的な学習の時間を活用したものに限らず，各教科の時間を使って現代の課題に子どもとともに取り組む授業実践が多数報告されている。

❺ 障害児教育・特別支援教育

　障害児教育・特別支援教育における教育実践は，どんなに障害が重くても教育を受ける権利は保障されるべきだという権利保障運動と密接にかかわってきた。与謝の海養護学校（現：与謝の海支援学校）は，1979年の養護学校義務制に先だち，1970年に開校した。開校に先立って，今から50年前の1968年に準備室を設置，1969年4月に高等部を開校している。その基本理念は，「①すべての子どもにひとしく教育を保障する学校をつくろう，②学校に子どもを合わせるのでなく，子どもに合った学校をつくろう，③学校づくりは箱づくりではない，民主的な地域づくりである」と示されている。

　障害がある子どもの就学を受け入れる学校が広がると，どのような場で，どのような教育を保障するのか，ほかの子どもたちとの学び合いをどのように位置づけるのか，という点が重要な論点となってきた。全日本特別支援教育研究連盟編『教育実践でつづる知的障害教育方法史：教育方法の展開と探究』（2002，川島書店），渡辺健治・清水貞夫編著『障害児教育方法の探究：課題と論点』（2000，田研出版），窪田知子「障害児教育の変遷－「自立」の意味を問い直す」，田中耕治編著『戦後日本教育方法論史　下』（2017，ミネルヴァ書房）などに動向がまとめられている。近年，自立と社会参加に向けた教育が打ち出される一方，それが性急な職業訓練や自立訓練に結びつけられていること，個別指導計画の導入が目に見える行動変容に焦点をあてた目標設定と指導を呼び込んでいること，子どもが混乱しないようにと個別で整えた環境が子どもにとって重要な葛藤や学び合いをうばっている危険性があることなど，これまでに紹介してきた動向とは異なる論点が多数出ている。障害児教育においてこそ，教育実践のトータルな質を評価することが必要である（川地，2015）。

158　第Ⅲ部　教育方法学の研究動向

現代の特別支援教育においては，行動変容偏重に陥らず子どものねがいに焦点を当てた実践づくりが求められている。その際に，遠山啓の「原教科」（遠山，1972）や，近藤益雄の読み書き指導（近藤，1961）等，教科教育で積み重ねられてきた知見に学びながら，就労，学力向上のみに矮小化されない，人間の人格的成長をめざした教育実践について研究されなければならないだろう。

❻　おわりに

以上，駆け足で戦後教育実践研究について，総括的な研究を中心に紹介してきた。現代では，「人間にとっての学びとは何か」「学びの場はいかにあるべきか」を問い，改めて「学校とは何か」を問うことが必要だろう。たとえば，夜間中学（中学校の夜間学級）は，昼間働かなくては食べていくことができない子どもたちや，学ぶ機会を奪われてきた人々への教育の保障を進めてきた。夜間中学については，「義務教育の段階における普通教育に相当する教育の機会の確保等に関する法律」の公布（2016年12月14日）前後から関心が高まっており，文部科学省も高い期待を寄せている。しかし，設置が急速に広がった戦後初期には，文部省（当時）や多くの地方教育委員会は，児童労働の容認や六三制の破壊につながるということから，開設を認めなかった。このため，非公式の開設・運営を余儀なくされ，さまざまな事情で閉鎖されたところも少なくなかった。現在調査が進められているが，正式な学校名すら不明ということもある一方（草・浅野，2018），丁寧に保管された資料もあり，こうしたものから当時の教育実践を描き出していくことは重要な課題である。

実態調査を行っている浅野慎一は，「厳密にいえば，生徒たちの認識は，こうした〔ユネスコの「学習権宣言」にみられる：引用者注〕人権としての『学習権』より，さらに現実的かつ根底的（ラディカル）」（浅野，2012，p.134）である可能性を示唆している。近代的人権・学習権やそれを支える国家の公共性の実現にとどまらない，生きた人間の生活実践として，夜間中学での学びを捉えるべきだとの指摘である。人と人との出会い，多様な学習者と教師の取り

組みの多様性について，授業研究はもちろんのこと，生活指導の側面からも明らかにする必要があるだろう。

　大田堯も，学習権を生命の「根源的自発性」と結びつけて考えることを主張しており（大田，2013；教育科学研究会，2017），今後の実践研究はこうした広がりの中でとらえていく必要があると思われる。

<注>

・浅野慎一（2012）「ミネルヴァの梟たち―夜間中学生の生活と人間発達」，『神戸大学大学院人間発達環境学研究科研究紀要』6（1），pp.125-145，神戸大学.
・浅野慎一（2014）「戦後日本における夜間中学の卵生と確立：1947-1955年」，『神戸大学大学院人間発達環境学研究科研究紀要』7（2），pp.157-176，神戸大学.
・稲垣忠彦・中森孜郎（1959）「教職の専門性と教師の意識」，教育学誌編集委員会編『教育学誌 第3号 教職の専門性』pp.88-118，牧書店.
・川口幸宏（1980）『生活綴方研究』白石書店.
・河合章（1999）『教育研究　創造と変革の50年：人間の教育を求めて』星林社.
・川地亜弥子（2014）「教育評価論の現代的課題：子どもと教師のダイナミックな発達を促す教育評価とは」，三木裕和・越野和之編著『障害のある子どもの教育目標・教育評価：重症児を中心に』pp.70-85，クリエイツかもがわ.
・川地亜弥子（2015）「障害児教育における実践記録と実践研究」，『障害者問題研究』43（3），pp.170-177，全国障害者問題研究会.
・金馬国晴（2017）「自主的研究団体による研修」，日本教師教育学会編『教師教育研究ハンドブック』pp.298-301，学文社.
・近藤益雄（1961）『精神薄弱児の読み書きの指導』日本文化科学社.
・近藤郁夫（2000）『教育実践：人間的呼応の営み』三学出版.
・草京子・浅野慎一（2018）「1947～1955年における夜間中学校と生徒の基本的特徴（前篇）」，『神戸大学大学院人間発達環境学研究科研究紀要』11（2），pp.93-111，神戸大学.
・教育科学研究会編（2014）『講座教育実践と教育学の再生　別巻　戦後日本の教育と教育学』かもがわ出版.
・日本教育方法学会編（2014）『教育方法学研究ハンドブック』学文社.
・National Association for the Study of Educational Method（ed.）（2011）. *Lesson Study in Japan*, Hiroshima: Keisuisya.
・大田堯（2013）『大田堯自撰集成1　生きることは学ぶこと：教育はアート』藤原書店.
・大槻健（1982）『戦後民間教育運動史』あゆみ出版.
・斎藤浩志（1992）『教育実践学の基礎』青木書店.

160 第Ⅲ部 教育方法学の研究動向

- 坂元忠芳（1980）『教育実践記録論』あゆみ出版.
- 佐藤学（2004）『教育の方法 改訂版』放送大学教育振興会.
- 佐藤学ほか編著（2017）『学びとカリキュラム』岩波書店.
- 柴田義松監修（2007）『子どもと教師でつくる教育課程試案』日本標準.
- 柴田義松編著（2009）『教科の本質と授業：民間教育研究運動のあゆみと実践』日本標準.
- 砂沢喜代次（1971）「『教育実践としての授業』の研究こそ（リレー討論 / 授業研究の方法論 -12-)」,『現代教育科学』14（3）, pp.87-94, 明治図書出版.
- 田中耕治編著（2005）『時代を拓いた教師たち：戦後教育実践からのメッセージ』日本標準.
- 田中耕治編著（2009）『時代を拓いた教師たち Ⅱ：実践から教育を問い直す』日本標準.
- 田中耕治編著（2017a）『戦後日本教育方法論史 上：カリキュラムと授業をめぐる理論的系譜』ミネルヴァ書房.
- 田中耕治編著（2017b）『戦後日本教育方法論史 下：各教科・領域等における理論と実践』ミネルヴァ書房.
- 田中耕治（2017c）「戦後日本教育方法論史序説」,『教育方法の探究』20, pp.1-27, 京都大学大学院教育学研究科・教育方法学講座.
- 遠山啓編（1972）『歩きはじめの算数：ちえ遅れの子らの授業から』国土社.
- 臼井嘉一監修（2013）『戦後日本の教育実践：戦後教育史像の再構築をめざして』三恵社.
- 碓井岑夫編著（1982）『教育実践の創造に学ぶ：戦後教育実践記録史』日本教育新聞社.
- Yamasaki, Y. and Kuno, H.（eds）（2017）. *Educational Progressivism, Cultural Encounters and Reform in Japan*, Oxon: Routledge.

2 戦後教育実践に関する研究動向　161

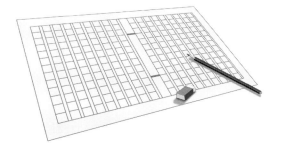

日本教育方法学会会則

第1章　　　総　　則

第1条　本会は日本教育方法学会という。

第2条　本会は教育方法（教育内容を含む）全般にわたる研究の発達と普及をはかり，相互の連絡と協力を促進することを目的とする。

第3条　本会に事務局をおく。事務局は理事会の承認を得て，代表理事が定める。

第2章　　　事　　業

第4条　本会は第2条の目的を達成するために，下記の事業を行う。

　　　　1．研究集会の開催

　　　　2．機関誌および会報の発行

　　　　3．研究成果，研究資料，文献目録，その他の刊行

　　　　4．他の研究団体との連絡提携

　　　　5．その他本会の目的を達成するために必要な事業

第3章　　　会　　員

第5条　本会の会員は本会の目的に賛同し，教育方法（教育内容を含む）の研究に関心をもつものによって組織する。

第6条　会員は研究集会に参加し，機関誌その他の刊行物においてその研究を発表することができる。

第7条　本会の会員となるには，会員の推せんにより入会金2,000円を添えて申し込むものとする。会員は退会届を提出して退会することができる。

第8条　会員は会費年額8,000円（学生会員は6,000円）を納入しなければならない。
　　　過去３年間にわたって（当該年度を含む）会費の納入を怠ったばあいは，
　　　会員としての資格を失う。

第4章　　　組 織 お よ び 運 営

第9条　本会には以下の役員をおく。

　　　　　　代 表 理 事　　1　名
　　　　　　理　　　事　　若干名（うち常任理事　若干名）
　　　　　　事 務 局 長　　1　名
　　　　　　事務局幹事　　若干名
　　　　　　監　　査　　2　名

第10条　代表理事の選出は理事の互選による。理事は会員のうちから選出し，理
　　　　事会を構成する。常任理事は理事の互選により決定し，常任理事会を組織
　　　　する。事務局長は理事会の承認を得て代表理事が委嘱する。事務局幹事は
　　　　代表理事の承認を得て事務局長が委嘱する。監査は総会において選出する。

第11条　代表理事は本会を代表し，諸会議を招集する。代表理事に事故あるとき
　　　　は，常任理事のうちの１名がこれに代わる。理事会は本会運営上の重要事
　　　　項について審議し，常任理事会は会の運営，会務の処理にあたる。事務局
　　　　は事務局長および事務局幹事で構成する。事務局は庶務および会計事務を
　　　　分掌し，代表理事がこれを統括する。監査は本会の会計を監査する。

第12条　各役員の任期は３年とする。ただし再任を妨げない。

第13条　総会は本会の事業および運営に関する重要事項を審議し，決定する最高
　　　　の決議機関である。総会は毎年１回これを開く。

第14条　本会に顧問をおくことができる。顧問は総会において推挙する。

第15条　本会は理事会の議を経て各大学・学校・研究機関・地域などを単位とし
　　　　て支部をおくことができる。支部は世話人１名をおき，本会との連絡，支
　　　　部の会務処理にあたる。

第5章　　　会　　計

第16条　本会の経費は会費・入会金・寄付金その他の収入をもってこれにあてる。

第17条　本会の会計年度は毎年4月1日に始まり，翌年3月31日に終わる。

付　　則

1．本会の会則の改正は総会の決議による。
2．本会則は昭和39年8月20日より有効である。
3．昭和40年8月23日一部改正（第3条・第8条）
4．昭和48年4月1日一部改正（第8条）
5．昭和50年4月1日一部改正（第8条）
6．昭和51年4月1日一部改正（第7条・第8条）
7．昭和54年4月1日一部改正（第12条）
8．昭和59年10月6日一部改正（第3条・第10条）
9．昭和60年10月11日一部改正（第8条）
10．昭和63年9月30日一部改正（第8条）
11．1991年10月6日一部改正（第7条）
12．1994年10月23日一部改正（第8条）
13．1998年10月3日一部改正（第8条）
14．2004年10月9日一部改正（第9条・第10条・第11条）

日本教育方法学会　理事名簿 (2018年8月現在)

1. 理事

秋　田　喜代美	東京大学
安　彦　忠　彦	神奈川大学
○阿　部　　　昇	秋田大学
○池　野　範　男	日本体育大学
石　井　英　真	京都大学
市　川　　　博	横浜国立大学名誉教授
○井ノ口　淳　三	追手門学院大学名誉教授
○梅　原　利　夫	和光大学名誉教授
○大　野　栄　三	北海道大学
小　川　博　久	東京学芸大学名誉教授
小　柳　和喜雄	奈良教育大学
折　出　健　二	人間環境大学
鹿　毛　雅　治	慶應義塾大学
○片　上　宗　二	安田女子大学
木　原　俊　行	大阪教育大学
久　野　弘　幸	名古屋大学
○子　安　　　潤	中部大学
佐久間　亜　紀	慶應義塾大学
佐　藤　　　学	学習院大学
柴　田　好　章	名古屋大学
柴　田　義　松	東京大学名誉教授
庄　井　良　信	北海道教育大学
白　石　陽　一	熊本大学
田　代　高　章	岩手大学
田　中　耕　治	佛教大学

○田　上　　　哲	九州大学
田　端　健　人	宮城教育大学
鶴　田　清　司	都留文科大学
豊　田　ひさき	朝日大学
○中　野　和　光	美作大学
○西　岡　加名恵	京都大学
○西　岡　けいこ	香川大学
樋　口　直　宏	筑波大学
久　田　敏　彦	大阪青山大学
姫　野　完　治	北海道教育大学
◎深　澤　広　明	広島大学
○藤　江　康　彦	東京大学
藤　原　幸　男	琉球大学名誉教授
松　下　佳　代	京都大学
○的　場　正　美	東海学園大学
三　石　初　雄	帝京大学
三　橋　謙一郎	徳島文理大学
三　村　和　則	沖縄国際大学
○山　﨑　準　二	学習院大学
湯　浅　恭　正	中部大学

【総計45名：五十音順】

【○印は常任理事，◎印は代表理事】

2. 監査

田　代　裕　一	西南学院大学
三　村　真　弓	広島大学

日本教育方法学会入会のご案内

日本教育方法学会への入会は，随時受け付けております。返信用120円切手を同封のうえ，入会希望の旨を事務局までお知らせください。

詳しいお問い合わせについては，学会事務局までご連絡ください。

【日本教育方法学会事務局】

〒739-8524　東広島市鏡山1-1-1

広島大学大学院教育学研究科 教育方法学研究室気付

Tel / Fax：082-424-6744

E-mail：hohojimu@riise.hiroshima-u.ac.jp

なお，新たに入会される方は，次の金額を必要とします。ご参照ください。

	一般会員	学生・院生
入会金	2,000円	2,000円
当該年度学会費	8,000円	6,000円
計	10,000円	8,000円

執筆者紹介（執筆順）

深澤　広明	広島大学
折出　健二	人間環境大学
山口　剛史	琉球大学
田渕久美子	活水女子大学
奥平　康照	和光大学
藤江　康彦	東京大学
的場　正美	東海学園大学
遠藤　貴広	福井大学
湯浅　恭正	中部大学
庄井　良信	北海道教育大学
冨士原紀絵	お茶の水女子大学
川地亜弥子	神戸大学

教育方法47　教育実践の継承と教育方法学の課題

2018年10月20日　初版第 1 刷発行［検印省略］

編　者	©日本教育方法学会
発行人	福　富　　泉
	株式会社　図書文化社
	〒112-0012　東京都文京区大塚1−4−15
	TEL.03-3943-2511　FAX.03-3943-2519
	http://www.toshobunka.co.jp/
組　版	株式会社　エスアンドピー
印刷製本	株式会社　厚徳社
装幀者	玉田　素子

JCOPY 〈出版者著作権管理機構　委託出版物〉
本書の無断複製は著作権法上での例外を除き禁じられています。
複製される場合は，そのつど事前に，出版者著作権管理機構
（電話 03-3513-6969，FAX 03-3513-6979，e-mail: info@jcopy.or.jp）
の許諾を得てください。

乱丁・落丁本の場合はお取り替えいたします。
定価はカバーに表示してあります。
ISBN978-4-8100-8713-0　　C3337

教職や保育・福祉関係の資格取得をめざす人のためのやさしいテキスト

改訂版 たのしく学べる 最新教育心理学

櫻井茂男 編　　　Ａ５判／264ページ ●定価 本体2,000円+税

目次●教育心理学とは／発達を促す／やる気を高める／学習のメカニズム／授業の心理学／教育評価を指導に生かす／知的能力を考える／パーソナリティを理解する／社会性を育む／学級の心理学／不適応と心理臨床／障害児の心理と特別支援教育

学習意欲を高め，学力向上を図る12のストラテジー

科学的根拠で示す 学習意欲を高める12の方法

辰野千壽 著　　　Ａ５判／168ページ ●定価 本体2,000円+税

「興味」「知的好奇心」「目的・目標」「達成動機」「不安動機」「成功感」「学習結果」「賞罰」「競争」「自己動機づけ」「学級の雰囲気」「授業と評価」の12の視点から，学習意欲を高める原理と方法をわかりやすく解説する。

「教職の意義等に関する科目」のためのテキスト

新版 教職入門 ―教師への道―

藤本典裕 編著　　　Ａ５判／224ページ ●定価 本体1,800円+税

主要目次●教職課程で学ぶこと／子どもの生活と学校／教師の仕事／教師に求められる資質・能力／教員の養成と採用／教員の地位と身分／学校の管理・運営／付録：教育に関する主要法令【改定教育基本法・学校教育法・新指導要領】

教育評価事典

辰野千壽・石田恒好・北尾倫彦 監修　　　Ａ５判／上製函／624ページ
●定価 本体6,000円+税

主要目次●教育評価の意義・歴史／教育評価の理論／資料収集のための技法／知能・創造性の評価／パーソナリティー，行動，道徳の評価／適性，興味，関心，態度の評価／学習の評価，学力の評価／各教科・領域の評価／特別支援教育の評価／カリキュラム評価と学校評価／教育制度と評価，諸外国の評価／教育統計とテスト理論

わかる授業の科学的探究

授業研究法入門

河野義章 編著　　　Ａ５判／248ページ ●定価 本体2,400円+税

主要目次●授業研究の要因／授業を記録する／授業研究のメソドロジー／授業ストラテジーの研究／学級編成の研究／発話の研究／協同の学習過程の研究／発問の研究／授業タクティクスの研究／空間行動の研究／視線の研究／姿勢とジェスチャーの研究／板書の研究 ほか

教材に関して「専門的な資質・能力」を身に付けるためのテキスト

教材学概論

日本教材学会 編著　　　Ａ５判／212ページ ●定価 本体2,000円+税

主要目次●教材とは／教材に関する制度・作成・研究と教材の歴史／教材の種類，性格，機能／教育・心理検査と教材／学習指導要領と教科書，補助教材／情報通信技術と教材／教科と教材研究／道徳教育と教材 ほか

〒112-0012 東京都文京区大塚1-4-15　図書文化　TEL03-3943-2511　FAX03-3943-2519
http://www.toshobunka.co.jp/